Christine Brückner
Hat der Mensch Wurzeln?

Christine Brückner

Hat der Mensch Wurzeln?

Autobiographische Texte

Herausgegeben und mit einem
Vorwort versehen von Gunther Tietz

Ullstein

© 1988 Verlag Ullstein GmbH, Frankfurt/M · Berlin
Alle Rechte vorbehalten
Gesamtherstellung: Ebner Ulm
Printed in Germany 1988
ISBN 3 550 06425 x

CIP-Titelaufnahme der Deutschen Bibliothek
Brückner, Christine:
Hat der Mensch Wurzeln?: Autobiograph. Texte/Christine Brückner.
Hrsg. u. mit e. Vorw. vers. von Gunther Tietz. –
Frankfurt/Main; Berlin: Ullstein, 1988
ISBN 3-550-06425-x.

Inhalt

Vorwort 7
Leben – schreiben – über das Leben schreiben

Kleine Welt auf einem Kistendeckel 13
Mein Vater: der Pfarrer 16
Das wenige, das ich von meiner Mutter weiß 24
Stichwort Waldeck (1) 41
Wenn es dämmert am Heiligen Abend 44
Ein Sonntagsberuf 47
Heimatkunde 51
›Komm in meinen Umarm!‹ 63
Erste Liebe, letzte Liebe 66
Von der treuen Auguste, dem Paradiesvogel und dem
    Weltfrieden 69
DIN A5 – eine Schulzeit im ›Dritten Reich‹ 76
Kinder des ›Dritten Reiches‹ 79
Carl mit C 82
Not lehrt schreiben 85
Mein erstes Buch 89
Mein Dorf 1963 94
Meine kleine Stadt 102
Stichwort Waldeck (2) 112
Das neue Kassel ist unvergleichlich 120
Mein Schreibtisch 126
Totalschaden 129
Die Entstehung der ›Poenichen‹-Romane 138
Der Gegenbesuch 144
Phantasie und Wirklichkeit 150

Bäume haben immer recht 172
Hat der Mensch Wurzeln? 177
Es war einmal ein Teich 182
Die Lebenskilometer 188

Quellenhinweise 191

Vorwort
Leben – schreiben – über das Leben schreiben

Christine Brückner wurde am 10. Dezember 1921 im Pfarrhaus zu Schmillinghausen/Waldeck geboren. Sie schreibt seit mehr als drei Jahrzehnten Romane, Erzählungen, Theaterstücke: Bücher für Leser. Sie verfügt über Lebenserfahrung und Gottvertrauen, besitzt Leichtigkeit und Disziplin, Übermut paart sich mit Konventionalität; sie hat Talent zum Leben und ist – aus Pessimismus – heiter.

Mit diesen wenigen Sätzen ließe sich das Werk und auch das Leben Christine Brückners umschreiben. Aber das wäre als Vorwort zu einem Band autobiographischer Texte zu kurz, und deshalb knüpfe ich an die knappen Thesen einige ausführlichere Bemerkungen.

Christine Brückner wurde am 10. Dezember 1921 im Pfarrhaus zu Schmillinghausen/Waldeck geboren. Fast mutet es idyllisch an: ein gütiger Vater, der Heine-Lieder singt, eine zartfühlende Mutter, ein kleines Dorf, in dem jeder die Pfarrerstochter kennt. Doch Kindheit und Jugend der Angehörigen des Jahrgangs 1921 werden von einem Übermaß an Zeitgeschichte überschattet: Inflation, Weltwirtschaftskrise, ›Drittes Reich‹ und Zweiter Weltkrieg, den nur wenige Männer des Jahrgangs überleben werden.

Schmillinghausen, dieses kleine Dorf im Fürstentum Waldeck, das erst 1929 an Preußen fällt – abgelegen, karg. Als nach 1933 mit den neuen Machthabern ein schlimmer Glanz und ein wenig Wohlstand einziehen, wird der Vater, ein Pfarrer, beiseite gedrängt, die Familie verläßt Dorf und Landschaft. Heimat? Wurzeln?

›Der Mensch ist kein Baum.‹ Diesen Satz, den die Autorin

Maximiliane Quint, der Heldin ihrer ›Poenichen‹-Trilogie, in den Mund gelegt hat, wird auch von ihr selbst häufig zitiert. Aber das waldecksche Dorf, die kleine Residenzstadt, Pfarrhaus, Schulhaus, diese überschaubare Umwelt: das hat ihre Maßstäbe gesetzt. Immer wieder hat sie sich schreibend der Heimat ihrer Kindheit genähert; zurückgekehrt ist sie nicht, wehrt sich behutsam, aber auch bestimmt gegen den Gedanken. Das Wort von der zweifachen Aufgehobenheit der Vergangenheit in der Literatur würde Christine Brückner vermutlich nicht verwenden; eher schon könnte sie Jean Améry zustimmen: ›Man muß Heimat haben, um sie nicht nötig zu haben.‹

Zweimal ›ständiger Wohnsitz‹ Kassel, in den dreißiger Jahren und dann wieder seit den sechziger Jahren, zwei verschiedene Städte, Kassel wurde im Krieg zu zwei Dritteln zerstört. Dazwischen liegen unruhige Jahre, wofür es zeitgeschichtliche, aber auch private Gründe gibt: Kriegseinsatz, Universität, Redaktion ... Und dann doch wieder Kassel, wo sie seit zwei Jahrzehnten gemeinsam mit ihrem zweiten Mann, dem Schriftstellerkollegen Otto Heinrich Kühner, lebt und schreibt. Eine Schriftstellerehe, die Christine Brückner gern als ›den einzigen funktionierenden Autorenverband‹ bezeichnet, aus der mittlerweile auch zwei gemeinsame Bücher hervorgegangen sind. Das ist alles andere als eine Selbstverständlichkeit.

Sie schreibt seit mehr als drei Jahrzehnten Romane, Erzählungen, Theaterstücke: Bücher für Leser. Schriftsteller wird man nicht, wie man Bäcker wird oder Lehrer, niemand stellt einem ein Diplom oder einen Lehrbrief aus. Christine Brückner wurde ›über Nacht‹ Schriftstellerin, gleich ihr erster Roman ›Ehe die Spuren verwehen‹ (1954) brachte ihr Erfolg und Anerkennung, die sie benötigt und auch genießt. Seither schreibt sie mit schöner Regelmäßigkeit alle zwei Jahre ein Buch, Romane, die zunächst um die Themen Liebe und Ehe, Leben und Tod kreisen, alle zehn Jahre einen Band mit Erzählungen, auch Hörspiele. Sie ist mit ihren Büchern konsequent den eigenen Weg gegangen, hat sich um literarische Richtungen oder Modetrends nicht gekümmert, sondern das getan, was ihr stets als die Hauptaufgabe der Literatur galt: erzählt. Schon in ihren frühen Büchern ist die Diktion kühl, nüchtern; Werner Ross hat das einmal ihren ›Staccato-Stil‹ genannt. Andererseits ist selbst in Christine Brückners wohl sprödestem Buch, ›Die Zeit danach‹ (1961), ihr Pessimismus nicht bodenlos, wird aufgefangen von jener heiteren Ironie, die später das tragende stilistische Moment ihrer ›Poenichen‹-Romane wurde.

Die ›Poenichen‹-Romane. Eines der großen deutschen Themen dieses Jahrhunderts hatte, was den Roman betrifft, bis in die Mitte der siebziger Jahre brachgelegen, Flucht und Vertreibung, der Niedergang des deutschen Adels im Osten, die Revision von acht Jahrhunderten deutscher Geschichte, ungewollt, selbstverschuldet. Die neue Ostpolitik, die Verträge mit Moskau und Warschau, der Grundlagenvertrag mit der DDR hatten einen großen Roman über den ehemals ›deutschen Osten‹ nahegelegt. Die Reaktionen waren zwiespältig. Es handelte sich, wie der Kritiker Joachim Günther in seiner Besprechung von ›Nirgendwo ist Poenichen‹ äußerte, bei diesem Roman mehr um ein ›Leserbuch‹ als um ein ›Kritikerbuch‹. Ja, für wen sollen Bücher denn geschrieben werden, wenn nicht für Leser?

Mit dieser Trilogie schuf Christine Brückner ein Familien-Epos, das ebensowenig von sozialkritischer Selbstzerfleischung bedroht wird wie von idyllischer Sentimentalität. Keine Heile-Welt-Geschichte, vielmehr die Geschichte einer Frau, die sich und ihre Kinder durch dieses unruhige Jahrhundert bringt, ohne davon viel Aufhebens zu machen. Die Romane beschreiben ein Kapitel deutscher Geschichte in einem heiteren Grundton, die Ironie ist nicht kalt. Christine Brückner ist liebevoll im Umgang mit ihren Protagonisten wie mit den Lesern, denen sie auf diese Weise den Schrecken begreifbar macht, ohne sie zu erschrecken. Die Leser haben das verstanden und haben es der Autorin gedankt. Und nebenbei leisten die Romane einen größeren Beitrag zur deutsch-polnischen Verständigung und Aussöhnung, als manche Kritiker-Schulweisheit sich träumen läßt: eine Übersetzung ins Polnische trägt dem nun Rechnung.

Nach dem großen Erfolg der ersten beiden ›Poenichen‹-Bände wandte sich die Autorin einigen Projekten zu, von denen sie weniger Erfolg erwartete: Sie schrieb eine Komödie, ›Der Kokon oder Die Verpuppung der Wiepe Bertram‹, die, mit Elfriede Kuzmany hochrangig besetzt, uraufgeführt, aber seither selten gespielt wurde; sie gab gemeinsam mit Otto Heinrich Kühner ihre Reiseaufsätze heraus: ›Erfahren und erwandert‹ (1979); schrieb einen kleinen, aparten und wenig beachteten Roman, ›Das eine sein, das andere lieben‹ (1981); veröffentlichte Notizen, Skizzen, Aufzeichnungen unter dem Titel ›Mein schwarzes Sofa‹ (1981). Als sie 1982 ihre ›Ungehaltenen Reden ungehaltener Frauen‹ schrieb, sagte sie, vielleicht werde das Honorar reichen, um einen ›echten Janssen‹ zu kaufen, ein Bild des Hamburger Graphikers und Zeichners, der die Buchausgabe illustrierte.

›Wenn du geredet hättest, Desdemona‹ wurde der vielseitigste Erfolg Christine Brückners, die Leser waren begeistert, die Auflagen stiegen rasch, die Kritik reagierte freundlich, zum Teil sogar überschwenglich, Walter Jens lobte im ›Stern‹ sein ›Buch des Monats‹. Und es erfüllte sich ein Traum der Autorin: für das Theater zu schreiben. Eine alte Liebe, die spät, aber heftig erwidert wurde: die Frauen-Monologe wurden und werden von vielen Bühnen nicht nur im deutschsprachigen Raum gespielt.

Der Kreis der Brückner-Leser hat sich dadurch verändert, auch verjüngt. Hin und wieder fällt sogar jemandem auf, daß die Autorin damit, abseits von allem ›Feminismus‹, auf ihre Weise einen gewichtigen Beitrag zur Emanzipation der Frau geleistet hat, auf jene unaufdringliche Art, heiter, anspielungsreich und nicht ohne Selbstironie, die von Anfang an typisch für Christine Brückners Werk gewesen ist. Auch dies: ein Buch für Leser.

Sie verfügt über Lebenserfahrung und Gottvertrauen, besitzt Leichtigkeit und Disziplin, Übermut paart sich mit Konventionalität; sie hat Talent zum Leben und ist – aus Pessimismus – heiter. Als 1986 eine Neuausgabe ihrer ›Überlebensgeschichten‹ erschien, äußerte Christine Brückner in ihrer Vorbemerkung, daß sie, die ihre Geschichten zu erfinden pflege, die neue Erfahrung gemacht habe, daß sich die Protagonisten dieser meist authentischen Erzählungen veränderten, daß manches also nach fünfzehn Jahren ›nicht mehr stimmt‹. Dem einen haben sich Pläne und Träume erfüllt, andere haben resigniert, einer ist gestorben: ›Das Leben geht weiter, Sprichwörter haben recht.‹

In diesem Sinne ›stimmt‹ auch nicht mehr alles, was in diesem Band autobiographischer Texte versammelt wurde: Texte aus drei Jahrzehnten.

Aber so, wie im Verlauf der Zeit Veränderungen deutlich werden, so klären sich auch die Konturen des Unveränderlichen. Da ist das weltkindhafte Gottvertrauen, das Christine Brückner in die Wiege gelegt wurde und das wohl eine der Ursachen auch ihres literarischen Erfolges ist. Wir müssen hier noch einmal in jenes waldecksche Pfarrhaus, das ihr Elternhaus war, zurückkehren: ›Dort ist mir Urvertrauen zugewachsen, das nur ein anderes Wort ist für Gottvertrauen‹, schreibt sie einmal. Vielleicht erwächst in einer Zeit, in der Religion und Tradition viel von ihrer bindenden Kraft verloren haben, in welcher der einst prägende Einfluß von Elternhaus, Schule und Kirche zurückgeht, der Literatur eine neue Rolle: an diese Bindungen zu erinnern, Halt und Orientierung zu geben, vielleicht auch: Rat und Trost. Christine Brückner gehört zu den wenigen zeitgenössischen deutschen Autoren, die diesem Anspruch nicht ausweichen.

Zu Hilfe kommen ihr dabei zweifellos die vielseitigen Lebens- und auch Berufserfahrungen. Bevor sie Schriftstellerin wurde, mußte sich Christine Brückner – unter den erschwerten Bedingungen von Krieg und Nachkrieg – in den unterschiedlichsten Berufen bewähren; in einem Flugzeugwerk, als Näherin, als Mensaleiterin, als Redakteurin, in Halle, in Marburg, in Nürnberg, in Krefeld.

Urvertrauen, Gottvertrauen, ein Hauch von Frömmigkeit sogar, die stets dem Leben, dem eigenen wie dem erfundenen Leben ihrer Romanfiguren, zugewandt ist. In diesem Spannungsfeld siedeln Leben und Werk, das hält sie in fruchtbarem Widerspruch zwischen Leichtigkeit und Disziplin, zwischen einer Neigung zum Übermut und dem Hang zur Konventionalität. ›Meine Freundlichkeit, meine Verbindlichkeit‹, schreibt sie in ihren Aufzeichnungen, ›entspringen dem Verlangen, daß man mich nicht kränken möge, daß man auch zu mir verbindlich und freundlich sein möge.‹

Christine Brückner hat dabei das Leben nie aus den Augen verloren. Otto Heinrich Kühner, der es wissen muß, bescheinigt ihr ›Talent zum Leben und Talent zum Glück‹. Leben und Schreiben, dieses für Schriftsteller oft so schwierige Verhältnis, empfindet sie nicht mehr als Widerspruch: ›Schreiben ist eine der besten Arten zu leben. Über das Leben schreiben.‹

Christine Brückner macht sich keine Illusionen, mit ihren Büchern etwa die Welt, über deren Zustand und Zukunft sie besorgt ist, verändern zu können. Aber sie gehört nicht zur Spezies der Kassandren, sie setzt auf die Macht der kleinen Schritte: Vielleicht denkt doch der eine oder andere Leser nach der Lektüre eines ihrer Bücher weiter, ändert seine Meinung, vielleicht sogar seine Haltung.

Odo Marquard hat Leichtigkeit einmal als einen ›Aggregatzustand des Ernstes‹ bezeichnet: jenen, ›der den Ernst so ernst nimmt, daß er es für notwendig hält, ihn aushaltbarer zu machen‹. Christine Brückner nimmt das Leben ernst, und sie nimmt das Schreiben ernst, und deshalb nimmt sie es – wann immer es möglich ist und aus lebensbejahendem Pessimismus – heiter und leicht.

Berlin, im September 1987   Gunther Tietz

Kleine Welt auf einem Kistendeckel

Den Namen des Lehrers habe ich vergessen. War es in jenem Volksschuljahr in Arolsen oder in der Sexta der Mädchenschule oder ging ich schon aufs Gymnasium? Ein Kindergedächtnis ist wählerisch in dem, was es des Aufhebens für wert erachtet. Um so deutlicher ist die Erinnerung an jenes kleine Werk, das ich damals zustande brachte und an dem ich meine Vorstellung von der Welt und ihren Höhen und Tiefen zum ersten Mal sichtbar werden ließ.

Mein Vater stiftete dazu einen Zigarrenkistendeckel – unvergessen die Marke: Deli Sandblatt, unsortiert, von Heinrich Schulze in Arolsen –, Schreiner Flamme in Schmillinghausen gab eine ordentliche Handvoll Fensterkitt dazu, meine große Schwester besaß bereits einen Malkasten mit Wasserfarben. Und aus dem Deckel, dem Klumpen Kitt und ein wenig Braun und Grün, Blau und Rot entstand das Relief der Heimat: in der Mitte das Dorf und rundum die Berge – der Hellenberg, der Stock, der Tiergarten. Ein wenig höher vielleicht, als es der Maßstab zuließ – aber was wußte ich damals von Maßstäben? Wie konnte ich wissen, daß es Berge gab, die höher waren als der Stock?

Leuchtender als das Grün der Buchen auf meinem Relief habe ich später keines gesehen. Und dann die Täler! Wie anmutig zogen sie sich durch die Berge von Kitt! Nach Helsen zu Pessinghausen, wo die Walderdbeeren leuchtender und voller reifen als in den anderen Tälern; der Sprengel, in dem man frühmorgens im August Champignons suchte, und Holzhausen, wo einmal ein Dorf gestanden haben soll, das im Dreißigjährigen Krieg zerstört wurde, dort ging man ins Heu mit ›Mushöfers‹.

Natürlich waren Wande und Bicke nicht vergessen! Sie schlängelten sich in großen blauen Schleifen durch das Dorf, flossen vereint an Harseims Mühle vorbei, ostwärts ins Hessische, nach Volkmarsen, aber damals, als ich noch ordentlich Platt konnte, hieß das: Volkemissen.

Auf der Straße nach Rhoden, im Norden meines Reliefs, fehlten nicht die roten Dächer von Gashol, besonders rot, weil ja die Ziegelei dort war. Niemals wieder habe ich eine Wiese gesehen, auf der die Schlüsselblumen so golden blühten wie dort!

Nach Süden zog sich weiß das Band der Landstraße nach Arolsen, der tägliche Schulweg – vorbei an der Himmelswiese mit ihren Rehen. Heute ist das eine Bundesstraße, ich weiß nicht welcher Ordnung; Lastwagen und Personenautos haben längst die Rehe von der Himmelswiese verscheucht.

Denken Sie nicht, daß ich es bei einem gewöhnlichen Braun der Felder beließ! Schließlich wußte ich ja, wer den Klee auf dem ›Brand‹ und wer den Roggen auf den ›Knippbergen‹ und die Kartoffeln auf dem ›Klusfelde‹ hatte. Wen nimmt es wunder, daß sich das Gelb des Weizens mit dem Rot des blühenden Klees mischte? Daß schließlich die blühenden Wiesen den Feldern mit Hederich und die Kartoffeläcker den Tannenwäldern glichen?

Ich hatte noch nicht gelernt, mich zu bescheiden. Es sollte alles da sein: Blumen und Wiesen, der Friedhof und die Mühle, das Forsthaus und das Wehr am Bach. Je mehr ich mich an meiner Aufgabe erwärmte, desto wärmer wurde auch der Kitt. Warm und weich. Von den Bergen schmolz das Braun der Tannen, und das Grün der Buchen lief in kleinen Bächen talwärts, um sich mit dem Blau der Bicke zu vereinen.

Neues Braun und neues Grün waren nötig. Derweil erwärmten sich die Gesteine. Die gesamte Erde setzte sich in

Bewegung. Ich drückte mit dem Daumen neue Berge, neue Täler und neue Straßen ein. Schlüsselblumen und roter Klee breiteten sich längst auf Armen, Backen und Kleid aus, und in den schwarzen Zöpfen klebten die Erdmassen.

Ich denke, daß meine Mutter die Vollendung meines Werkes verhindert hat und mich statt dessen in die Badewanne steckte. Die Tränen, ohne die es nicht abgegangen sein wird, habe ich lange schon vergessen. Es ist bei diesem einen Versuch geblieben, Gottes schöne Welt mit eigenen Händen nachzubilden. (1955)

Mein Vater: der Pfarrer

Am zweiten Weihnachtstag des Jahres 1921 taufte der Pfarrer Carl Gottfried E. in der Kirche eines kleinen waldeckschen Dorfes ein Kind. Weil es das Christfest war, taufte man es auf den Namen Christine. Der Winter war kalt, die Kirche ohne Heizung; dem Täufling stand ein Rauchfähnlein vorm Mund. Es wurden wenig Kinder in jenem Winter geboren, man sah das später deutlich, als der Jahrgang eingeschult wurde. Die Kinder hatten auf einer einzigen Schulbank Platz, eine Zwergschule, einklassig. Der Pfarrer predigte über ein Wort aus dem Matthäusevangelium (Kap. 18, Vers 5): »Wer ein solches Kind aufnimmt in meinem Namen, der nimmt mich auf.« Er nahm den Predigttext als Taufspruch für das Kind.

Der Pfarrer war nicht mehr jung. Am Weltkrieg, der damals noch kein Zahlwort trug, hatte er nicht aktiv teilgenommen, sondern passiv. Er hatte die Trauergottesdienste gehalten und die Todesbotschaften in die Häuser gebracht. Seine Gemeinde horchte auf den Spruch, den er einem Kind mit auf den Lebensweg gab, einem Brautpaar mit in die Ehe, dem Toten mit ins Grab. Sie nahm den Spruch als Losungswort.

Ein solches Kind war ich. Die Leute im Dorf haben das nicht vergessen, sie erinnern mich daran, wenn ich zurückkehre. Unser alter Pastor, sagen sie.

Dieser Pastor war mein Vater. Nicht Pfarrer: Pastor. Hirte. Er trug einen graumelierten Bart, war viel zu alt für so ein kleines Kind, ein Mittfünfziger bei meiner Geburt, hoch über mir, 1 Meter 80 oder mehr. Ich mußte anklopfen, wenn ich ihn zum Essen rufen sollte. Patriarchalische Verhältnisse im Pfarrhaus. Autorität. Aber: Der Vater klopfte ebenfalls an die Tür des Kinderzimmers, bevor er eintrat. Ein Erwachsener ist in seine Arbeit vertieft, ein Kind in sein Spiel. Respekt wurde erwartet. Respekt verdient auch ein Kind. Bei Tisch: Kinder reden nur, wenn sie gefragt werden. Das Kind sagt: Fragt mich bitte mal was! Der Vater zur Mutter: Laß das Kind reden. Gleiches Recht.

Dieser Pfarrer, der mein Vater war, wurde als Sohn des Lehrers geboren, in demselben Dorf. Man hat mir Ohrläppchen gezeigt, die schlecht angewachsen waren, nachdem er sie halb abgerissen hatte im Zorn. Aber: Wer bei dem Lehrer Heinrich E. in die Schule gegangen war – und vierzig Jahrgänge waren es –, der konnte einen Brief aufsetzen, dessen Handschrift war wie gestochen, der konnte bis ins hohe Alter die wichtigsten Choräle auswendig, der deklamierte Schillers ›Glocke‹, ohne zu stocken, der konnte kopfrechnen, der konnte auch singen. Er sprach Platt mit ihnen, wenn er zufrieden war, Hochdeutsch, wenn er zornig war. Höcher, Henner, höcher! pflegte er in der Gesangstunde zu sagen, das sagt man im Dorf noch heute. Er züchtigte die Schulkinder und gewiß auch die eigenen. Der älteste Sohn, der mein Vater wurde, schlug nie, nicht seine Konfirmanden, auch nicht die Gymnasiasten, denen er im Weltkrieg Latein- und Religionsunterricht erteilte, auch nicht die Schulkinder, als er zwölf Jahre lang Kreisschulaufseher war, nicht die eigenen Töchter. Er verließ sich auf die Überzeugungskraft seiner Worte, seines Beispiels.

Mit zehn Jahren verließ er sein Heimatdorf, kam auf ein Alumnat, studierte dann Theologie, wurde Einjähriger, dann Vikar, dann Prinzenerzieher im fürstlichen Schloß. Fürstin-Mama fuhr später oft mit der Kutsche am Pfarrhaus vor, und wir knicksten ehrerbietig. Keine Rede davon, daß man auf gleicher Stufe stünde, nicht einmal der Tod machte alle gleich, für die fürstliche Familie ein Erbbegräbnis. So habe ich es gelernt. Wenn ich in das Residenzschloß gehe, das heute von den Erbprinzen bewohnt wird, um es Freunden zu zeigen, bin ich befangen und lache darüber, halte mit Filzpantoffeln den waldeckschen Stern blank.

Als mein Vater dreißig Jahre alt war und schon andernorts ein Pfarramt versehen hatte, schickte ihn seine Kirchenbehörde in das Dorf zurück. Nun nicht mehr der Carl, der älteste Sohn des Lehrers, sondern der Pastor, der Diener Gottes. Das Du hörte auf, das schien ihm notwendig. Die Leute im Dorf gewöhnten sich daran. Er hörte auf, Platt mit ihnen zu sprechen, verlernte es sogar, sprach ein Hochdeutsch ohne jeden mundartlichen Anklang. Der Talar trennte ihn ebenfalls. Kein Vorname mehr, auch kein Familienname mehr, nur noch Titel, nur noch Amt. Der Herr Pastor.

Drei Dörfer gehörten zum Kirchspiel. Ein Berg trennte das Kirchdorf von den Filialdörfern; er fuhr mit dem Fahrrad über die Landstraße, ging den Fußweg über den Berg. Zwei Gottesdienste an jedem Sonntag, einmal im Monat ein dritter in dem kleinsten Dorf, um den Alten den mühsamen Weg über den Berg zu ersparen. Seine Spaziergänge machte er erst, wenn es dämmerte, wenn kein Bauer mehr auf dem Feld arbeitete. Solange noch jemand in Stellmacherei oder Schmiede hämmerte, setzte er sich nicht in den Garten. Er lebte in seinem Studierzimmer in freiwilliger Absonderung.

Pfarrer sein, das hieß für ihn, ein Predigtamt zu haben, seiner Gemeinde Gottes Wort zu verkünden. Das an erster Stelle. In den frühen Morgenstunden des Freitag suchte er nach dem Textwort, in der darauffolgenden Nacht wurde die Predigt fertig; jede handschriftlich ausgearbeitet, auf kleinen, sparsam beschnittenen Zetteln, in einer zierlichen, leserlichen Handschrift. Nie griff er auf eine alte Predigt zurück. Zweiundfünfzig Sonntage im Jahr, dazu Feiertage, Karfreitag, Himmelfahrt und Buß- und Bettag, sechzig Predigten im Jahr, von 1890 bis 1934, mehr als zweitausendsechshundert Predigten, alle in Schubladen aufbewahrt und dann im Zweiten Weltkrieg verbrannt. Er war zunächst ein liberaler Christ des ausgehenden 19. Jahrhunderts gewesen. Am Ende seiner langen Amtszeit wurde er ein Anhänger der Bekennenden Kirche. Er hat mit den theologischen Studien nicht aufgehört, in seinem Nachlaß fanden sich die frühen Bücher Karl Barths, Paul Tillichs, Rudolf Bultmanns; sie waren sorgfältig durchgearbeitet und mit Randbemerkungen versehen. Ferien und Urlaub waren fremde Worte für ihn. Er war der Ansicht, daß ein Pfarrer seine Gemeinde nicht verlassen dürfe. Anspruch auf Anwesenheit. Die Leute im Dorf kannten Ferien ebenfalls nicht, er gehörte zu ihnen. Als er sich bei Glatteis das Bein gebrochen hatte, trugen ihn einige Männer im Korbstuhl in die Kirche, er predigte im Sitzen, vom Altar aus.

Am Sonnabend lernte er seine Predigt auswendig. Sein Konzept war mit Lineal und Farbstift rot und grün unterstrichen, forte und fortissimo. Er mußte die Bauern wachhalten, die müde wurden, sobald sie zum Sitzen kamen. Er lernte laut, er lernte im Gehen, er folgte dem Rosenmuster seines Teppichs, bis die Rosen verschwunden waren, er ging im Oval, nicht auf und ab. Der Lebensweg meines Vaters. Wir hörten seine Stimme, wenn wir wach wurden und wenn wir einschliefen. Manchmal schwoll sie zu Donner an, dann klopfte meine Mutter an seine Tür: Carl! Die Kinder!

Von Freitag früh bis zum Gottesdienst am Sonntag herrschte unbedingte Stille im Pfarrhaus. Vater macht die Predigt! Er verlor das Kanzelfieber nie. Kein Frühstück am Sonntag, nicht einmal einen Schluck Kaffee. Er wurde erst ruhig, wenn der Höhepunkt der Predigt erreicht war. Beim Mittagessen war er erleichtert und entspannt, heiter, gesprächig.

Er predigte, er taufte, er konfirmierte, er segnete die Brautpaare ein. Er hielt auf Tugend. Eine Braut, die schwanger war, traute er nicht in Kranz und Schleier. Er brachte den Sterbenden das Abendmahl, er beerdigte die Toten. Das waren seine Amtspflichten. Aber er ging selten ins Dorf. Seine Besuche bei Kindtaufen und Hochzeitsfeiern währten nur kurz. Die sozialen Aufgaben übernahm die Pfarrfrau. Sie wußte, wo jemand krank lag, sie versorgte die Verletzten;

einen Arzt gab es nicht. Sie besuchte die Alten. Sie war der verlängerte Arm des Pfarrers, sie, die Ortsfremde, schwarzhaarig unter den Blonden, die Großstädterin. Sie veranstaltete Gemeindeabende, führte Regie, wenn Turnverein und Jungmädchenbund Theater spielten, leitete den Frauenverein, gab Kurse in Säuglingspflege. Für alles Soziale war die Pfarrfrau zuständig.

Der Pfarrer, der mein Vater war, ging ungern aus dem Haus. Er war scheu. Er fühlte sich sicherer in seinem Studierzimmer. Bücherwände, Kachelofen, hochstämmige Rosen und Bienenhaus. Idylle. Die Männer, die zu ihm kamen, um die Pacht für das Kirchenland zu zahlen oder um Stundung zu bitten, zogen im Flur die Schuhe aus, stiegen in Strümpfen die Treppe hinauf, gingen den Flur entlang; ans äußerste Ende des Hauses hatte er sich verzogen. Abstand. Er setzte sich mit seinem Amt gleich, er war das Amt. Er gehörte zu seiner Gemeinde, aber er stand über uns. Das mag auch an der Kanzel überm Altar gelegen haben, zu der eine hohe Treppe führte. Eine alte Kirche, die Innenausstattung barock. Wir blickten zu ihm auf. Vertrauen, nicht Vertraulichkeit. Ehrfurcht, aber nicht Furcht. Aber auch Fälle, wo es hieß: Darüber kann man mit dem Herrn Pastor nicht reden. Über vieles ließ er nicht mit sich reden.

1934, im Herbst, ließ die Gemeinde ihren Pfarrer ziehen. Ungern, aber erleichtert. Er paßte nicht mehr in das Dorf, in dem ein paar junge Erbhofbauern, Mitglieder des SS-Regiments ›Germania‹, nun den Ton angaben; sie versuchten, den alten Pastor zu ihrem ›fördernden Mitglied‹ zu machen, sie wollten seine Stimme, die ihnen recht gab, er gab sie nicht, gab seine Stimme für nichts. Man nahm ihm das Amt des Kirchenrates; eines Nachts fand eine Hausdurchsuchung statt.

Sie wollten sicher vor ihm sein, und sie wollten ihn in Sicherheit wissen, beides. Der Kirchenvorstand stellte sich nicht hinter ihn, erst recht nicht vor ihn. Er mußte gehen. Er war gehorsam gegenüber der Kirchenbehörde, gegenüber jeglicher Obrigkeit. Sein Widerspruch ging nach innen, nicht nach außen. Er litt. Er wurde leidend. ›Wenn Erziehung und Ermahnung irgend etwas fruchteten, wie könnte dann Senecas Zögling ein Nero sein.‹ Das Dorf, in dem mein Großvater vier Jahrzehnte als Lehrer gewirkt hatte, in dem mein Vater mehr als drei Jahrzehnte Pfarrer gewesen war, geriet unter den Einfluß einiger SS-Männer.

Er kehrte nie mehr in sein Dorf zurück, obwohl es nur fünfzig Kilometer von seinem späteren Wohnort entfernt lag. Er hat nie wieder eine Kanzel betreten. Er ist wenige Jahre später gestorben. Es war sein Wunsch, in der Heimat begraben zu werden. Es war Krieg, eisiger Dezember. Die SS-Männer standen als Soldaten an den Fronten. Alte Männer trugen den Sarg aus der Kirche bis zum Friedhof am Waldrand. Dort liegt er zwischen denen, die er getauft und konfirmiert und begraben hat. Auf seinem Grabstein stehen der Name und die Lebensdaten. Nicht Titel und nicht Amt, so hat er es gewünscht. Er ist heimgekehrt in das Dorf, in dem er geboren wurde. Vor seinen Gott tritt er nicht als Pfarrer. Er war demütig und ein wenig einsam. ›Psalm 119,76‹ steht unter seinem Namen. ›Deine Gnade müsse mein Trost sein, wie du deinem Knecht zugesagt hast.‹ Die Gemeinde nahm ein zweites Mal von ihrem Pastor Abschied. Die Tränen galten nicht nur ihm. Es gab vieles, das zum Weinen war.

In den letzten Lebensjahren hat er seine Erinnerungen niedergeschrieben. Fünfzig Seiten über den Kirchenstreit zwischen Deutschen Christen und Bekennender Kirche, dreißig Seiten über die Theologen, die seine Lehrer waren, zwanzig Seiten über den Kirchenvorstand. Was er über die eigenen Kinder zu sagen hatte, ging auf fünf Seiten.

Manchmal durfte ich auf seinem Fuß sitzen, und er ließ mich wippen, manchmal sang er Bellman-Lieder, Lieder von Heinrich Heine.

›In meinem Elternhaus hingen keine Gainsboroughs‹, es war wie im Pfarrhaus, in dem Gottfried Benn aufwuchs, aber bei uns wurde Chopin gespielt. Gab es Schwierigkeiten in der Schule, erkundigte er sich: Kannst du dem Unterricht nicht folgen? Wenn deine Begabung nicht ausreicht, dann mußt du das Gymnasium verlassen. Fehlt es dir aber an Fleiß, dann hat es keinen Zweck, dann wird nichts aus dir. Er erwartete Einsicht. Die Folgen des Tuns oder Nichttuns wurden den Kindern deutlich gemacht. Alles hat seine Ursache und seine Folgen. Keine Strafe, keine Strafandrohung. Keine Nachhilfe. Du kannst oder du kannst nicht. Er behandelte seine Töchter wie zwar kleine, aber doch zurechnungsfähige Erwachsene, nur eben noch unerfahren, man mußte ihnen einiges erklären, aber sie waren voll verantwortlich.

Der Vater, der Pfarrer, Gott Vater, Lieber Vater, Unser Vater, der du bist im Himmel, das war eine Einheit, das mußte nicht unterschieden werden, alle waren sie zuständig für mich, allen war ich verantwortlich, ich gehörte ihnen, sie sahen, was ich tat. Erst viel später trennten sie sich voneinander, aber ich habe meinen Vater nie völlig von dem Pfarrer, der er war, trennen können. Er blieb der Mittler und Fürsprecher; erst recht, seit er tot ist. Da ist vieles unkontrolliert und unkritisch. So soll es bleiben.

Er steht nicht mehr über mir, er steht am Rande meines Lebens, Beobachter und Kritiker meines Tuns. Ich weiß, was ihm mißfällt. Er ist mir von Jahr zu Jahr nähergerückt, ich erkenne den Antrieb seines Lebens: zu predigen, was er glaubte; zu leben, was er predigte. Noch einige Jahre, dann bin ich so alt, wie er war, als ich geboren wurde. Etwas wie Gleichaltrigkeit und Partnerschaft entsteht.

Der Satz ›Die Kunst darf alles und muß nichts‹ kann für mich nicht gelten: Ich stehe unter Kontrolle. Die Kontrollaufgabe hat dieses Dorf, das ich mein Dorf nenne und in dem mein Vater Pfarrer war, übernommen. Nichts tun, nichts schreiben, was in den Augen dieser Menschen falsch oder unrecht ist. Sie sind unbestechlich in ihrem Urteil. Da gilt nicht Ansehen und nicht Erfolg. Sie sind bereit anzuerkennen, was ihnen unverständlich ist, nicht weil es von mir kommt, sondern weil ich die Tochter ihres Pastors bin. Sie erheben Anspruch auf mich, ich bin eine der ihren, sie sagen du zu mir. Sie haben ein Recht auf mich, ich erkenne sie als Gericht an.

Dieses Dorf ist mein Nährboden, dort ist mir Urvertrauen zugewachsen, das nur ein anderes Wort ist für Gottvertrauen.

(1971)

Das wenige, das ich von meiner Mutter weiß

Immer wieder habe ich mir vorgenommen, das wenige, das ich von meiner Mutter weiß, aufzuschreiben. Ich verdanke ihr jeden Atemzug, jeden Lebenstag, aber gedankt habe ich es ihr erst lange nach ihrem Tod, als ich alles besser übersehen konnte. Nie hat sie selbst den Versuch unternommen, sich schriftlich über das Leben zu äußern, einen kurzgefaßten Lebenslauf zu schreiben – wozu auch, sie hat sich niemals irgendwo um einen Posten bewerben müssen. Schreiben ist ein Vorgang des Vergessens; ich entleere mein Gedächtnis. Sie hat die letzten fünf Jahre ihres Lebens bei mir gewohnt, oft krank, fast immer leidend, selten klagend. Einige Monate vor ihrem Tod verwirrte sich ihr Geist. Dämonen umlagerten ihr Bett. Sie rief meinen Namen, auch wenn ich neben ihr saß und ihre Hand hielt. Bis ich mit dem gleichen Entsetzen in die Zimmerecke starrte, in die meine Mutter starrte. Aber in den letzten Wochen war ihr Geist wieder ganz klar. Ich saß bei ihr, sang Choräle. Wir lebten in Todesnähe. Wir waren nicht mehr allein in diesem Haus in Düsseldorf, nahe beim Flughafen. Damals habe ich einen kleinen Roman geschrieben. Man merkt ihm nichts an, er ist beinahe heiter geraten. Schreiben, um zu überleben ...

Ich habe in den letzten Briefen meiner Mutter gelesen, sie war keine geübte Briefeschreiberin; Briefe hatte meist mein Vater geschrieben, erst nach seinem Tod übernahm sie die Korrespondenz. Ihre Hände zitterten, eine Folge der schweren Bombenangriffe auf Kassel. An manchen Tagen fiel ihr das Schreiben besonders schwer, dann brach ein Brief ab, dann stand unvermittelt unten auf der Seite ›Mutti‹. Wir nannten sie ›Mutti‹, was mir als Briefunterschrift ungeeignet erschien. Der Vater schrieb ›Dein Vater C. Emde‹ unter seine Briefe, von denen keiner gerettet werden konnte.

Ihr häufiges Kranksein und die sich anschließenden Schonzeiten verschafften mir als Kind einen Freiraum, den ich nutzte: Ich verschwand in aller Frühe, wenn es noch still im Haus war, ins Dorf. Der Schweinehirt blies von ferne sein Horn, die Stalltüren öffneten sich, und die Schweine machten sich auf den Weg zu ihrem Hirten, der mit ihnen auf ›die Drift‹ zog. Ich lief zum Stellmacher, zum Schmied, sah in die Schuster-Werkstatt, durfte beim Nachbarn im Stall die Häckselmaschine drehen und kehrte so unbemerkt zurück, wie ich verschwunden war. Ich hatte ein Talent zum Unsichtbarmachen entwickelt. Brachte ich aus dem Dorf ›Wörter‹ mit nach Hause, hieß es: ›Da spricht man nicht von.‹ Auch über Geld sprach man nicht, es stand unter Tabu. (Ich habe später weder das Geld, das ich nicht hatte, noch das Geld, das ich hatte, für wichtig genug gehalten, um darüber zu sprechen, habe mich untergründig für beides, Haben und Nichthaben, geschämt.) Zur Genußfähigkeit hat man mich nicht erzogen.

Keine Bekenntnisse, keine Geständnisse. Fragte meine Mutter mich – als ich erwachsen war – nach irgend etwas, worüber ich nicht reden wollte, sagte ich lachend: ›Da spricht man nicht von!‹, benutzte ihre eigenen Waffen. Von der Scheidung meiner Ehe habe ich sie erst viel später unterrichtet. Kein Vertrauensverhältnis, aber unser Verhältnis war auch nicht lieblos. Vertrauen und Schonung kann man nicht gleichzeitig haben.

›Blamier mich nicht!‹ war ihre Erziehungsdevise. Keine aufgeklärte Mutter würde das heute zu ihrem Kind sagen, aber alle Eltern hätten es wohl gern, wenn ihre Kinder sie nicht blamierten. Ich galt als wohlerzogen, als ›liebes Kind‹. Es ist nicht überliefert, daß ich irgendwann ›bockig‹ gewesen wäre.

Meine Mutter war eine fortschrittliche Frau; sie hätte gewiß Bücher über Kinderpsychologie und Pädagogik gelesen, wenn sie ihr zur Verfügung gestanden hätten. Wir Kinder mußten Kalzan einnehmen; einmal wöchentlich wurden unsere Gelenke kräftig in moorhaltigem Wasser gebürstet. Ich schluckte Eisenpräparate zur Appetitanregung.

In ihrem ›roten Zimmer‹ stand ein eleganter kleiner Bücherschrank mit Romanen von Thomas Mann und Joseph Roth, auch ein Buch, das ›Disteln und Dornen am Wege des Kindes‹ hieß, Richtlinien zur Kindererziehung. Später zitierten wir bei Mißgeschicken und bei Fehlern, die wir gemacht hatten, den Titel in jenem ironischen Tonfall, den wir uns im Umgang mit ihr angewöhnt hatten, gegen den sie machtlos war. Ungezogenheit wurde von ihr mit Liebesentzug bestraft; so nennt man das heute. Ich zweifle nicht daran, daß sie ihre Erziehungsmethode für richtig hielt. Ich habe nie an ihren guten Absichten gezweifelt, tue es auch heute nicht. Sie drohte nicht mit Strafe, sondern führte sie sofort und eigenhändig aus. Einmal erschien mein Vater auf der Treppe und rief: ›Tilla, vergiß dich nicht!‹ Sie strafte im biblischen Sinne: Wer seine Kinder liebt, der züchtigt sie.

Meine Mutter, die mich zur Ordnung ermahnte und anhielt und Unordnung bestrafte – wollte sie eine ordnungsliebende Tochter heranziehen, weil sie selbst gar nicht so ordentlich war, wie ich jahrzehntelang angenommen habe? ›Halte Ordnung, übe sie, Ordnung spart viel Zeit und Müh‹, stand blau auf weiß gestickt überm Küchenherd. In diesem Elternhaus ließen sich häufig Schubladen nicht aufziehen, weil Gegenstände, Küchengeräte oder Bürsten, sich verklemmt hatten. Das kommt in meinem Haushalt nicht vor, was daran liegen mag, daß meine Schubladen nicht so voll sind.

Ich erinnere mich, daß ich als Kind meine Mutter vor Weihnachten bat, sie möchte mir einen Wunsch nennen. Meist sagte sie dann, daß sie sich ›ein liebes Kind‹ wünsche. Ich wollte ihr aber Topflappen häkeln, Nadelkissen sticken. Was soviel leichter ist, als ›ein liebes Kind‹ zu sein.

Woher meine Angst, sie würde mich beim Haarwaschen in der Badewanne ertränken? Sie drückte meinen Kopf weit zurück, ich mußte einen Schwamm vor die Augen pressen, konnte mich daher nicht mit beiden Händen am Rand der Wanne festhalten.

Der ersten Frau meines Vaters wurde das Kindbett zum Sterbebett, sie nahm das Söhnchen mit ins Grab. Als mein Vater nach langen Jahren sich ein zweites Mal verheiratete, schien sich das Unheil zu wiederholen, wieder starb das erste Kind, aber meine Mutter wurde gerettet. Das zweite Kind wurde mit größerer Freude, aber auch in größerer Sorge erwartet; es wurde in einer Klinik geboren, ein Mädchen. Als ich – drei Jahre später – ohne viel Aufhebens geboren wurde, teilten meine Eltern auf Visitenkarten mit, daß ihr Töchterchen eine Schwester bekommen habe, mein Name wurde auf der Anzeige nicht genannt. Ich bin als Schwester meiner Schwester aufgewachsen. Meine Mutter war vierundvierzig, mein Vater fünfundfünfzig Jahre alt, ich hatte Großeltern als Eltern. Ich habe das nie bedauert.

Meine Mutter sah aus wie eine Frau, die geliebt wurde. Blieb sie – geliebt – deshalb so lange schön? Ihr Gesicht zeigte im Alter keine Fältchen, sondern wenige tiefe Falten, ein geprägtes Gesicht. Kurz vor ihrem Tod hatte man ihr das lange schwere Haar abgeschnitten; wer sie besuchte, stellte ihre Ähnlichkeit mit Beethovens Totenmaske fest.

Sie wusch sich mit einem roten Gummischwamm, vor dem ich Abscheu empfand. Wir Kinder hatten unsere Waschläppchen, der Vater wusch sich mit den Händen. Sie benutzte keine Schönheitsmittel. Palmolive-Seife für Körper und Gesicht, Kaloderma-Gelee für die Hände. Das Fläschchen Uralt Lavendel reichte von einem Geburtstag zum anderen.

Ich habe als Kind und auch später, als ich erwachsen war, unter ihrem Schweigen, das sie erzieherisch einsetzte, gelitten. Aber sie selbst wird mehr darunter gelitten haben als ich, die dieses Schweigen jederzeit beenden konnte. Sie war gezwungen zu schweigen, sie war darauf angewiesen, daß das

Kind kam und sagte: ›Ich will wieder lieb sein‹, ›Hab mich bitte wieder lieb!‹ Das erlösende Wort! Dann konnte auch sie wieder ›lieb sein‹, konnte wieder reden. Es ging etwas Dunkles von ihr aus, das lag nicht am tiefschwarzen Haar, dem dunklen Teint, den dunklen Augen. Sie breitete in der Karwoche die schwarzen Samtdecken über Altar und Kanzel und legte ihr schwarzes Samtkleid an. Da erstarb alles Lachen.

Immer habe ich sie bewundert, weil sie schön war und weil sie immer wußte, was richtig war und was man tat. Nie, auch heute nicht, zweifle ich daran, daß sie die gebratene Geflügelleber bekommen mußte, die Spargelköpfe, zum zweiten Frühstück das mit Rotwein und Traubenzucker geschlagene Ei. Sie aß die Spargelköpfe und die Geflügelleber aus Pflichtgefühl, nicht um des Genusses willen. Es geriet ihr alles zur Pflicht. Sie war zart, sie mußte geschont werden, weil sie sich selbst nicht schonte und nie gelernt hatte, mit ihren geringen Kräften hauszuhalten. In unregelmäßigen Abständen brachte der Vater sie ins Krankenhaus oder in ein Sanatorium. Jeder Psychologe würde mir nachweisen, daß sie sich in Krankheiten geflüchtet habe. Aber kann man sich in Mittelohrvereiterungen flüchten? Lebensgefährliche Operationen bei Nacht? Typhus, Scharlach, Rheuma, Tuberkulose, Gallenkoliken? Und immer wieder Gastritis und Gemüsebrei und Toast und ein wenig Rauchfleisch. Sie mußte ihr Leben lang Diät essen, Schonkost. Monatelang kam täglich der Arzt und spritzte Bienengift. Alle ihre Hexenschüsse! Zwei Herzinfarkte und jahrelange Angina pectoris.

Morgens, wenn man besorgt fragte: ›Wie hast du geschlafen?‹ oder die Frage abwandelte in ›Konntest du ein wenig schlafen?‹, antwortete sie mit: ›Ach, Kind!‹ Hat sie mir ihre Schlaflosigkeit vererbt? Schlief ich vor ihrem Tod schon schlecht? Auch ich werde, mit Besorgnis und Anteilnahme, gefragt, wie ich geschlafen habe; man kennt meine Schlafschwierigkeiten, ruft mir in der Frühe bereits zu: ›Ach Kind?!‹ Wiederholungen. Ähnlichkeiten. Manchmal verstumme ich wie sie.

Üblich ist, daß Mütter am Bett ihres Kindes sitzen, bei uns war es umgekehrt. Ich hatte keine zärtliche Mutter, aber ich hatte eine liebebedürftige Mutter. Sie war dankbar, wenn man sie in den Arm nahm, wenn man sie küßte; sie ließ sich küssen.

Sie war eine umsichtige Pfarrfrau, sie kümmerte sich um Kranke und Alte, auch um Verletzte. Sie verband Fleischwunden. Bevor man zum Arzt fuhr, suchte man erste Hilfe im Pfarrhaus. Blutspuren auf der Haustreppe, im Flur. Meine Mutter verband sorgfältig und geschickt die Wunden. Wenn der Verletzte das Haus verlassen hatte, legte sie sich totenbleich auf ihr Bett. Abgehackte Fingerkuppen, Brandwunden, vereiterte Splitter. Sie sorgte dafür, daß Trinker in Trinkerheilanstalten kamen. Einmal bedrohte ein Schwachsinniger sie mit einem Messer; sie konnte ihn zur Ruhe bringen, sie ließ ihn nicht in eine Anstalt einweisen. In den Zeitabschnitten, in denen sie gesund war, war sie doppelt tüchtig, arbeitete bis zum Einbruch der Dunkelheit in den großen Gärten, die zum Pfarrhaus gehörten. Manchmal verließ dann mein Vater seine Studierstube, suchte sie und sagte: ›Mach ein Ende davon, Tilla!‹ Auch diesen Satz zitierten wir oft, zitieren ihn noch heute. Für diese Überanstrengungen rächte sich ihr zarter Körper mit immer neuen, schweren, ernst zu nehmenden Krankheiten, eher als Leiden zu bezeichnen. Ich erinnere mich nicht an gewöhnliche Erkrankungen wie Erkältungen oder verdorbenen Magen. Ich durfte ihr, kaum daß ich zählen konnte, die Arznei auf einen Teelöffel tropfen und reichen. Niemand konnte das Kopfkissen so gut aufschütteln wie ich! Sie lobte, sie war dankbar für alle diese kleinen Hilfen, die sie benötigte. Aber ich habe eine Abneigung gegen Krankheiten zurückbehalten, besonders gegen eigene. Mein Gedächtnis unterscheidet: Sie lag krank im Elternschlafzimmer oder im Fremdenzimmer.

Mein Vater schreibt in seinen Lebenserinnerungen: ›Sie stellt mit ihren leiblichen Heilerfolgen mich, den berufenen Seelsorger, ganz in den Schatten.‹ Aber er liebte den Schatten, er zog sich gern in ihn zurück. Sie erfüllte gewissenhaft alle Pflichten, die sich ihr stellten, solange sie gesund war; genauso gewissenhaft benahm sie sich als Kranke. So wie sie das Leben als Aufgabe nahm, so auch das Gesundwerden. Sie aß Diät, ohne zu klagen, sie legte sich nach den Mahlzeiten mit einer Wärmflasche zu Bett. Sie klagte auch nicht, als ›das eigene Haus‹ im Krieg durch Phosphorbomben ausbrannte und wir heimatlos wurden. Aber ihr schweigendes Leiden war nicht leicht zu ertragen.

Sie war keine ökonomische Natur. Als sie noch viele Pflichten hatte, wurde man weniger gewahr, daß es ihr an Lebensfreude fehlte.

Meine Mutter war eine gute Köchin; sie hatte ein Mädchen aus dem Dorf als Hilfe und eine ›Haustochter‹ – meist die Braut eines Pfarrers –, die sie anlernte. Pfarrfrau, ein Anlernberuf. Sonntags gab es oft gebratene und gefüllte Täubchen zum Mittagessen. Der Vater besorgte das Füttern der Tauben. Vom Dachboden führte eine steile Leiter zum Taubenschlag. Jährlich sechzig oder siebzig junge Tauben. Er drehte ihnen die Köpfchen um, es tropfte Blut. Daran erinnere ich mich und an mein Entsetzen und meine Bewunderung, daß dieser gütige, weltferne Vater ein Tier töten konnte. Aber er stammte vom Land, er war bereit, das Nötige zu tun. Man erntet, was reif ist, den Kohl im Garten und Hühner und junge Tauben. Aber was ging in meiner Mutter vor, dieser schönen jungen Frau aus der Stadt? Sie nahm Gänse aus, was viel Kraft erforderte. War ihr das Schlachtfest zuwider? Das urhafte Schreien der Tiere? Wenn unser Schwein, das ein halbes Jahr lang gefüttert worden war, abgestochen wurde, blieben wir Kinder in den Betten, zogen uns die Decken über den Kopf, um das Quieken nicht hören zu müssen. Hat sie die Schüssel gehalten, in die das Blut floß? Sie hat sich nichts merken lassen, durfte, ihres schwachen Magens wegen, nichts vom Schlacht-Essen zu sich nehmen. Aber der Vater ließ sich eine Portion Kesselspeck in sein Studierzimmer bringen, aß es und wußte dabei, und alle wußten es, daß er es nicht vertragen würde.

Sie klagte über kalte Füße, zog aber keine wärmenden Pantoffeln an, es wäre ihr nachlässig erschienen; sie ließ sich nie gehen.

Mein Vater hat säuberlich mit der Hand geschriebene Lebenserinnerungen hinterlassen. Mit der Niederschrift begann er im Jahr 1938 in dem Bewußtsein, schreibt er, daß seine Aufzeichnungen nur für seine nächste Familie eine Bedeutung haben würden; das Schreiben, namentlich das Briefeschreiben, sei ihm nie eine Last, sondern immer eine Freude gewesen. Der Name Adolf Hitler fällt auf den 500 engbeschriebenen Seiten nur ein einziges Mal. Vorsicht war geboten. In meiner Familie wurde kein Widerstand geleistet. Es hat aber auch keine Mitläufer gegeben, man stand beiseite. Wäre auch das spätere ›eigene Haus‹ durchsucht worden wie das Pfarrhaus und hätte man die Aufzeichnungen gefunden, so hätte man meinem Vater nichts anhaben können; sogar das Kapitel über den Kirchenstreit zwischen ›Bekennender Kirche‹ und ›Deutschen Christen‹ ist in größter Vorsicht und Zurückhaltung geschrieben.

Die Väter im Dritten Reich, davon hört und liest man zur Zeit ständig; mit ihnen wird – meist erbarmungslos – abgerechnet. Aber die Mütter! Frauen haben eine verhängnisvolle Neigung, aus ihren Männern und Söhnen Helden zu machen, auf die sie stolz sein können. Leidensfähigkeit und Opferbereitschaft als Tugend. Im Ersten Weltkrieg hätte es meine Mutter wohl gern gesehen, wenn mein Vater sich freiwillig als Feldgeistlicher gemeldet hätte, statt dessen nahm er ›in der Heimat‹ die verschiedensten zusätzlichen Aufgaben auf sich. Zu Anbruch des ›Dritten Reiches‹ hat es im Pfarrhaus politische Auseinandersetzungen gegeben, die sich in der Regel an Rundfunkreden ›des Führers‹ entzündeten. Die Gespräche brachen ab, sobald die Töchter zugegen waren. Wir wurden politisch nicht beeinflußt, aber auch nicht unterwiesen. Zunächst wurden ›Führer-Reden‹ noch angehört; als mein Vater politisch nicht mehr tragbar war und in den Ruhestand versetzt wurde, hörte das auf. Meine Mutter wurde zum Luftschutzhauswart ausgebildet, was viel Anlaß zur Heiterkeit gab. Sie sollte sich bei Luftangriffen eine Leine um die Taille binden und Kontrollgänge auf dem Dachboden machen; an dieser Leine sollte man sie, falls sie bewußtlos würde, herunterziehen.

Meine Mutter hatte an ihren künftigen Mann, der vom Lande stammte, einige Forderungen gestellt: Der ›Hohenzollernmantel‹ mußte durch einen Überzieher ersetzt werden; der dicke rötliche Bart mußte fallen. Mein Vater gibt in seinen Erinnerungen den Trauspruch wieder: ›Seid fröhlich in Hoffnung, geduldig in Trübsal, haltet an am Gebet!‹ An Hoffnung und an Fröhlichkeit hat es meiner Mutter wohl gefehlt, aber nicht an Geduld, und gewiß hat sie nie aufgehört zu beten.

Mein Vater schreibt über meine Geburt: ›Um fünf Uhr setzten die Wehen ein, um acht Uhr tat das Kind bereits den ersten Schrei.‹ Keine Klinik, kein Arzt, nur die Hebamme des Dorfes.

Bis auf die Zähne und die langen schwarzen Zöpfe, die sie um den Kopf gelegt trug, war an meiner Mutter nichts gesund. Zu Beginn des Ersten Weltkrieges erkrankte sie an Tuberkulose, die aber ausgeheilt wurde. Mein Vater: ›Sie hat ihre mannigfachen Beschwerden mit viel Geduld ertragen, tapfer allem standgehalten, was die Ärzte über sie beschlossen, und der Welt auch noch ein heiteres Gesicht gezeigt. Einen starken Willen, gesund zu werden und alles dazu Erforderliche zu ertragen, hatte sie immer, und an diesem Willen, zusammen mit den ärztlichen Künsten, wird es liegen, daß ich sie noch immer habe.‹ Sie, die von Krankheiten Heimgesuchte, überlebte ihren Mann, der im ganzen gesund war, um fast zwei Jahrzehnte. Aber ob sie das auch wollte?

Nachdem ich noch einmal aufmerksam diese Lebenserinnerungen gelesen habe, weiß ich über die Ehe der Eltern nicht mehr als vorher. Immerhin ein Satz: ›Nächte, in denen sie ihre Kissen nahm und in ein anderes Zimmer zog und weinte und ich sie wieder holte und tröstete . . .‹

Als mein Vater im Jahre 1901 als Pfarrer in sein Heimatdorf berufen wurde, bat er sich in seiner ersten Predigt aus, daß die jungen Männer, die auf der Empore saßen, die Kirche nicht zum Schlafsaal machen sollten. Er predigte in Bildern, setzte, wie der Fürst der Prediger sagt, ›Fenster in seine Predigten‹ ein. Er schreibt: ›Ein Kirchgänger, der zur Erntezeit ein wenig einnickt, ist besser als ein leerer Platz.‹ Es ist mir nicht schwergefallen, aus meiner Erinnerung an den Vater sein Lebensbild zu entwerfen, obwohl ich knapp achtzehn Jahre alt war, als er starb; er war als Person übersichtlicher als meine Mutter. Er ist mir im Lauf der Jahrzehnte verständlich geworden, meine Mutter, mit der ich soviel länger zusammengelebt habe, nicht.

Sie, die soviel leiden mußte, behielt ihre schöne glatte Haut, ihr schweres Haar, die gesunden Zähne, die aber kaum etwas zu kauen hatten, da ihr schwacher Magen nichts Schweres vertrug. Lauter Widersprüche.

Sie wusch sich ihr Gesicht lange und gründlich mit jenem roten Gummischwamm, als wolle sie das Alter abwaschen, als erwarte sie, daß ihre Schönheit darunterliege und wieder sichtbar werde. Ihr Eislaufkostüm, ihre Hüte, ihre Sonnenschirme verschwanden in den großen Truhen, die auf dem Dachboden standen, bei Kindergeburtstagen durften wir uns damit ›verkleiden‹.

Der Grabstein, der auf den Gräbern meiner Eltern steht, senkt sich immer wieder, steht dann schief und muß aufgerichtet werden. Warum halten sie sich nicht ruhig? denke ich. Auf welcher Seite des Grabes liegt die Mutter? Auf welcher der Vater? Es ist nicht mehr wichtig, es ist: das Grab der Eltern.

Was war das für eine Frau, die 24jährig in das Pfarrhaus auf dem Lande einzog? Nur einmal in der Woche fuhr eine Postkutsche nach Arolsen, zur Bahnstation; es gab nur zwei Petroleumlampen in dem großen Haus, nur zwei Kachelöfen; das Wasser mußte am Mühlenbrunnen geholt werden. Sie war die Tochter eines Gas- und Wasserwerkdirektors. Dieser beachtliche Großvater war ein Mann der Gründerjahre, nur um seiner acht Kinder willen war er nicht mit einem Segelschiff zur Weltausstellung nach Chicago gereist! Solche Sätze versetzten uns in Staunen. Der Großvater, der seine schöne älteste Tochter mitnahm, wenn er zu Kongressen fuhr, ›die schöne Tilla aus Unna‹. Sie führte auf Messen Geräte vor. ›Koche mit Gas!‹ Anschließend nahm ihr Vater sie mit zu geselligen Veranstaltungen. Er schmückte sich mit seiner Tochter, seine Frau nahm er nicht mit. Und zu Silvester Sekt, ein Dutzend Austern für sich und ein Dutzend für seine Frau! Als er um die Pfarrerstochter aus Thüringen angehalten hat, soll er versprochen haben, sie zur Kommerzienrätin zu machen. Aber er starb früh; unter seinem Tod hat meine Mutter lange gelitten. Seine Besuche während der ersten Ehejahre müssen ihr sehr geholfen haben. Mein Vater hat seinen Schwiegervater verehrt. Dieser Großvater war das, was man heute einen Aufsteiger nennt. Er ist in einem Waisenhaus in Potsdam, das der Kaiserin unterstand, aufgewachsen. Er war zunächst nur Werkführer, aber wegen seiner Tüchtigkeit schickte man ihn auf das Politechnikum nach Langensalza in Thüringen, dort hat er seine spätere Frau beim Tanz kennengelernt. Mehr konnte ich über ihn nicht erfahren. Er war Landtagsabgeordneter, baute Gas- und Wasserwerke; einmal soll er einen kleinen Sack auf den Eßtisch gestellt haben, die Kinder mußten ihn hochheben, um zu merken, wie schwer er war: ein Säckchen Gold für den Bau eines Gaswerkes. Er war Gutachter bei dem Explosionsunglück in Antwerpen. Er sang im Quartettverein. Er war mit August Klönne befreundet. Wenn ich heute im Rhein-Ruhr-Gebiet an den Baukränen den Namen ›August Klönne‹ sehe, fällt mir ein, was meine Mutter oft erzählte: August Klönne schrieb unter die Rechnungen: ›A. K. z. d. B.‹ (August Klönne zückt den Beutel.) Ich schreibe unter eingehende Rechnungen: ›Q. z. a.‹ (Quindt zahlt alles.) Mein Großvater hat eine Talsperre gebaut. Er hat in Dortmund ein Konstruktionsbüro eingerichtet, aber dann starb er ja früher, als zu erwarten war, ein gutaussehender, tatkräftiger Mann. Jemand, der tüchtig und beliebt war.

Mein Vater schreibt: ›Auf der Insel Amrum in der Nordsee haben die Bewohner die Gepflogenheit, ihren Verstorbenen Grabsteine mit Inschriften zu setzen, die so lang sind, daß sie beinah eine Lebensbeschreibung enthalten. So stand in dem Dorf Nebel auf einem Grabstein des Friedhofs über ein Ehepaar zu lesen: »Sie lebten in einer kinderlosen, aber doch sehr vergnügten Ehe.« Das hätten wir, meine Frau und ich, im ersten Jahrzehnt von unserer Ehe auch sagen können, denn da wollte sich im Pfarrhaus das frohe Kinderlachen nicht einstellen. Aber das Glück und die Freude sind uns nicht aus dem Haus getrieben, obwohl Arzt und Apotheker und Sanatorien eine große Rolle bei uns spielten . . .‹ Dreizehn Jahre lang hat die Mutter meines Vaters mit im Pfarrhaus gewohnt. Die Wochen, in denen sie bei ihren anderen Kindern zu Besuch weilte, beschreibt er behutsam mit ›Schonzeiten unserer Ehe‹. Es wurde über diese Großmutter nicht gesprochen, sie war die Frau des Lehrers gewesen, war zwei Jahrzehnte lang verwitwet, sie ist fünf Jahre vor meiner Geburt gestorben. ›Sächtelken, sächtelken‹ – kein anderes Wort ist von ihr überliefert. Mein Vater verdankte es ihr, daß er hatte studieren dürfen; diesen Dank hat er zwei Jahrzehnte lang abgetragen. Und meine Mutter auch. Wenn eine solche ›Schonzeit‹ vorbei und die Mutter des Pfarrers wieder im Pfarrhaus anwesend war, ›merkten wir wieder, daß der Menschen Leben nicht ausschließlich Glück, Freude und Vergnügen sei‹, schreibt mein Vater.

Ich bin nicht in einem Elternhaus, sondern in einem Pfarrhaus aufgewachsen. Der Mittelpunkt des Hauses war oft das Krankenbett der Mutter. Sie war nicht egoistisch, aber Krankheit wirkt sich auf die Umwelt wie eine Abart von Egoismus aus. Ihre Geduld und ihre Tapferkeit bewirkten, daß zum Bedauern auch noch die Bewunderung kam.

Oft vergleiche ich: Als ich vierzig war – als meine Mutter vierzig war; als meine Mutter sechzig wurde – wenn ich sechzig werde.

Sie hat den Beruf der Pfarrfrau mit großer Gewissenhaftigkeit ausgeübt. Sie war eine unbezahlte Gemeindehelferin, sie war im Außendienst tätig und für den scheuen Vater unentbehrlich. Ein erfülltes Leben, so ist es mir immer erschienen. Aber als sie alt war und eine neue Frauengeneration nach Gleichberechtigung verlangte, hat sie gesagt: ›Ich wäre lieber Ärztin oder Juristin geworden.‹ Der Satz hat mich traurig gestimmt, er erschien wie ein Verrat an meinem Vater, dem Pfarrhaus, der Gemeinde, auch an mir.

Wenn ich zurückdenke, war ich mein Leben lang von ›Er wird's recht machen‹ überzeugt. Der Satz stand meinen persönlichen Wünschen oft entgegen, aber in vielen Fällen ist es gut gewesen, daß meine persönlichen Wünsche nicht in Erfüllung gingen. Das habe ich diesem Pfarrhaus zu danken.

Ich hatte keinen Bruder, der meine Beziehung zu Männern hätte bestimmen können; immer nur dieser gütige, etwas ferne Vater, der einen Talar trug, der im Studierzimmer saß und seine Predigten ausarbeitete. Ich habe in Männern nie das ›stärkere Geschlecht‹ gesucht, ihre ›Stärke‹ nie beansprucht.

Sie wollte ein Vorbild sein: der Familie, dem Dorf. Sie wollte christlich leben, das muß sie sich vorgenommen haben, als sie einen Pfarrer geheiratet hat. Manchmal sagte sie: ›Man darf sich den Leuten nicht auf die Zähne hängen!‹ Sie benutzte kräftige waldecksche Ausdrücke. Sie verstand Plattdeutsch, konnte es lesen, sprach es aber nicht. Sie las uns keine Kinderbücher vor, sondern ›Ut mine Stromtid‹ von Fritz Reuter. Wenn ich darin lese, was ich oft tue, kann ich die Stimme meiner Mutter hören.

Das Haus, das die Eltern nach der Pensionierung meines Vaters in Kassel bauten, hieß immer ›das eigene Haus‹. Als es am 22. Oktober 1943 bei jenem Luftangriff zerstört wurde, der die Stadt vernichtete, wurde meine Mutter heimatlos und besitzlos. Wir brachten sie in Pfarrhäusern unter, wo wir Freundschaft erhofften, brachten sie zu ihrem Bruder nach Pommern, dann nach Thüringen zu ihrer Schwester, schließlich nach Marburg. Sie ertrug das eigene und das deutsche Schicksal klaglos. Wir schickten ihr Lebensmittelmarken, und sie schickte uns von ihren Lebensmittelmarken, hilflos, mit dem Willen zu helfen. Einmal schrieb sie, daß sie das Kriegsende geträumt habe. ›Fahnen wehten, Lampen brannten.‹ Als sie dann in Marburg Zuflucht bei ihrer ältesten Tochter fand und in einem eigenen Zimmer zwischen fremden Möbeln lebte, erkannte sie die Traum-Stadt wieder. Das Haus, in dem sie wohnte, wurde von Amerikanern beschlagnahmt, auf einem geliehenen Handwagen brachte man ihre kleine Habe zu anderen freundlichen Leuten. Als ich dann eintraf, im Herbst 1945, lag sie mit siebzehn anderen Frauen in einem Behelfskrankenhaus, monatelang, klaglos. Später fanden wir für sie einen Platz in einem Altersheim, wo sie wieder ›wirken‹ konnte. Sie machte Krankenbesuche, stiftete Frieden, wo Streit ausbrach, suchte im nahen Wald Kienäpfel für ihre Töchter, sparte sich Speisen vom Munde ab, um ihre Töchter bewirten zu können, wenn wir sie besuchten, und wir brachten ihr, was wir für sie gespart hatten.

Ich erinnere mich: Ein vereiterter Zahn war mir gezogen worden, ich ging, halb betäubt und weinend vor Schmerzen, durch die Ketzerbach in Marburg, als mir meine Schwester entgegenkam. Sie dachte, unsere Mutter sei gestorben. Wir lagen uns weinend in den Armen, ich konnte vor Schluchzen nicht sprechen. Immer dachten wir: Sie stirbt, sie wird sterben, diesmal wird sie nicht überleben. Als sie dann starb, schien mir tot zu sein besser als zu leben. Ich lebte damals nicht gern.

Als sie schon sehr alt war, berichtete sie einmal unseren Gästen von meiner Geburt. ›Ich lag im Fremdenzimmer, um mein Kind zu empfangen – ‹, sagte sie. Fröhliches Gelächter, in das sie dann einstimmte. Über körperliche Vorgänge wurde nicht gesprochen. Mein Geburtszimmer wurde ›das Fremdenzimmer‹ genannt, ein großes helles Eckzimmer, nach Süden und Westen gelegen, aber schwer zu heizen. Dort schliefen meine Eltern im Sommer. Das Winterschlafzimmer ging nach Norden, lag über der Küche und hatte einen Dauerbrenner-Ofen. Wenn es kalt war, durften wir abends in den Betten der Eltern liegen. Lebendige Wärmflaschen, die der Vater dann ins Kinderzimmer trug und in die kalten Kinderbetten legte. Ich bin ein Winter-Kind.

›Glückselig, wessen Arm umspannt ein Mädchen aus Westfalenland.‹ Er habe die volle Wahrheit dieser Zeile des Westfalenliedes erfahren und erfahre sie noch immer, schreibt mein Vater. Nach seinem Tod wiederholte meine Mutter oft, was er auf seinem Krankenlager, ein Bibelwort zitierend, zu ihr gesagt hatte: ›Sie tat ihm viel Liebes und kein Leides.‹ Aus der Ehe meiner Eltern drang nichts nach draußen.

Als er seine Frau zum erstenmal gesehen hat, soll er ausgerufen haben: ›Wie kann man nur so schön sein!‹ Er hat nie aufgehört, sich darüber zu wundern, daß eine so schöne, so kluge, so tüchtige Frau aus der Stadt ihn, der vom Land stammte, der ein Dorfpfarrer war, genommen hatte. Sie war 24 Jahre, er war 35 Jahre alt. Es wurde manchmal von einem geheimnisvollen polnischen Grafen gesprochen, der sich um meine Mutter ›beworben‹ hatte. ›Ich konnte ihm seine Grafenkrone nicht vergolden‹, sagte sie. Alles, was sonst war oder nicht war, fiel unter ihre Maxime: ›Da spricht man nicht von.‹ Mein Gedächtnis gibt nichts her, immer nur diese makellose Fassade. Aber es war keine Blendfassade; das Gebäude, das sie aufgerichtet hatte, hielt stand, bis zu ihrem letzten Atemzug: eine Christin, bereit zu sterben, keine Anzeichen von Todesangst, als es endlich soweit war.

Jährlich 80 Strophantinspritzen, mehr hielt ihr Arzt nicht für ratsam, die Milch der alten Leute. Ein gestütztes und gepflegtes Herz, damit stirbt es sich schwer. Todesangst gehört zur Angina pectoris, sagt man. Sie ist 81 Jahre alt geworden, das hat sie sich nie gewünscht: alt werden.

Ihre Beerdigung fand an einem regnerischen Apriltag (1959) statt. Der Sarg war in das Dorf überführt worden, in dem sie drei Jahrzehnte lang gewirkt hatte; ein anderes Tätigkeitswort fällt mir noch immer nicht ein, ich könnte hinzusetzen: ›segensreich‹. Sie wurde neben ihrem Mann, dem Pastor Carl Emde, bestattet. Beide Töchter standen noch einmal an der Seite ihrer Ehemänner, von denen sie bereits geschieden waren. Eine tödliche Komödie. Aber es war richtig so, war in ihrem Sinne: ›Blamiert mich nicht!‹ und ›Man hängt sich den Leuten nicht auf die Zähne!‹ Unsere Männer leisteten uns Beistand, standen uns wort-wörtlich zur Seite. Trauerfeier in der Kirche, wo der Sarg aufgebahrt war, der Gang zum Friedhof mit der Gemeinde, die Feier am Grab, und dann fuhren wir alle in verschiedenen Richtungen davon. Wir trennten uns am Ausgang des Dorfes.

Als wir meinen Vater im Dezember 1940 beerdigt hatten, lag auf dem Grabhügel ein prächtiger Kranz, größer als alle anderen, er trug eine Schleife mit einem Hakenkreuz darauf, eine Aufmerksamkeit des Generalkommandos, bei dem ich kriegsdienstverpflichtet war. Keiner wagte, an das Grab zu treten und die Schleife umzudrehen.

In dieser Dorfkirche, in der mein Vater mehr als 30 Jahre lang gepredigt hat, haben wir vor einigen Jahren am Himmelfahrtstag ein Kirchenkonzert veranstaltet. Oboe, Violoncello, Geige, Cembalo; das Cembalo spielte Kühner. Später hieß das Fest bei denen, die es mitgefeiert haben, ›das himmlische Fest‹. Während des vierstimmigen Satzes, a cappella gesungen, ›Was Gott tut, das ist wohlgetan‹, lief mir ein Schauer über den Rücken, den man immer seltener verspürt, je länger man mit dem Leben vertraut ist. Ich fühlte mich reich, als wäre das alles wirklich ›mein‹. Das Dorf, die Kirche, die Gräber der Eltern und Großeltern, die Wälder und Täler, die Freunde, die von weit her gekommen waren, und die Dorfbewohner, die die Kirche bis auf den letzten Platz füllten: das erste Konzert in der alten Kirche. Der Posaunenchor spielte vor der Kirchentür geistliche und ländliche Weisen, bevor das Abend-Konzert ›nach dem Füttern‹ anfing – die unveränderten Tageszeiten des Dorfes. Anschließend heiteres Tafeln im Dorfgasthaus, heiteres Singen. Ich las aus den Lebenserinnerungen meines Vaters vor. Wir übernachteten alle im selben Gasthof; unsere Freundin Rose P. ging am nächsten Morgen singend durch die Flure, um zum gemeinsamen Frühstück zu wecken. Dann ein Ausflug in eines der Täler, ein Picknick. Wie bei Ludwig Richter. ›Im schönsten Wiesengrunde steht meiner Heimat Haus‹ – darüber lache ich nicht, da stimmt jedes Wort. (1981)

Stichwort Waldeck (1)

›Dieses Dorf ist mein Nährboden, dort ist mir Urvertrauen zugewachsen, das nur ein anderes Wort ist für Gottvertrauen.‹ Mit diesem Satz endet die Lebensgeschichte meines Vaters, die ich vor einigen Jahren geschrieben habe; er war Pfarrer in einem waldeckschen Dorf, in dem schon sein Vater Lehrer gewesen war.

Der Satz gilt weiterhin. Ich wohne heute fünfzig Kilometer von jenem Dorf entfernt. Hin und wieder zeige ich mein Geburtshaus vor, es ist mehr als 200 Jahre alt; daneben die Kirche; der Pfarrgarten mit Lauben und Grotten; der Bach, an dem ich gespielt habe. Dort habe ich laufen und sprechen und schreiben gelernt: das Wichtigste.

Man wurde zu Hause geboren, wurde zu Hause gepflegt, wenn man krank war; man starb zu Hause, die Nachbarn trugen die Toten zu Grabe. Ich sprach Plattdeutsch in den Bauernhäusern, Hochdeutsch im Pfarrhaus. Ich kannte die Flurnamen, holte die Kühe zum Melken, half beim Kartoffellesen, war fast in jedem Haus: Zuhause. Ein Kind vom Lande. Aber bald schon war in meinem Dorf kein Platz mehr für einen Pfarrer der Bekennenden Kirche; Schatten liegen seither auf der Idylle. In den Grabstein der Großeltern, die ebenfalls dort begraben liegen, ist der Stern Davids eingemeißelt. Ich kenne Bäume, in deren Rinde nicht ein Herz zwei Namen verbindet, sondern das Hakenkreuz, verzerrt, um einen Meter in die Höhe gewachsen. Keine Frage: Das ist meine Heimat, ein Dorf mit nur 400 Einwohnern, wenige Kilometer von der ehemaligen Residenzstadt Arolsen entfernt. Der Erbprinz Josias hatte das SS-Regiment ›Germania‹ dorthin geholt, es trug den Totenkopf als Schmuck. Das Lebenswerk von Großvater und Vater zunichte gemacht.

Schreibend kehre ich oft zurück in mein Dorf; meine Größen- und Zeitmaße stammen von dort. Ein Morgen Land, ein Tagewerk, die Kanne Milch, der Laib Brot. Eierlaufen zu Ostern, zu Pfingsten die jungen Birken neben den Haustüren, alle sieben Jahre Schützenfest. Damals ein armes Dorf, heute wohlhabend, das Auto in der Scheune, Fernsehgerät und Kühltruhe; die Frauen nicht mehr von der Feldarbeit ausgemergelt, sondern beleibt. Manche kennen mich noch, sagen ›du‹ zu mir. Wir sprechen von früher, der Vergleich zum Heute geht zugunsten des Gestern aus; Armut vergißt sich im Wohlstand rasch. Wenn ich behaupte, ich wolle mir später am Waldrand – am Hellenberg – ein Haus bauen, ist das nur halb ernst zu nehmen. Ich gehöre nicht mehr in dieses Dorf, ich fühle mich auf einer griechischen Insel oder in den Straßen Roms wohler; Klima, Vegetation und die Spuren der antiken Welt sind mir gemäßer. Für die Dauer von einigen Wochen oder Monaten suche ich mir meine Heimat aus. Die Sonne geht mir hinter Salamis unter, ohne daß ich mich fremd fühle. Die Erfahrungen eines Astronauten, der die Sonne hinter Afrika untergehen sah und den ganzen Planeten Erde als ›Heimat‹ empfand, kann ich nachvollziehen. Wenn ich unterwegs etwas vermisse, dann ist es die deutsche Sprache, mein Lebenselixier.

Als ich den Atlantik und dann den nordamerikanischen Kontinent überquert hatte, am Pazifik stand und der ›Osten‹ im Westen lag, habe ich gesagt: Was tue ich hier, ich stamme doch aus Waldeck! Denselben Satz sagt in den ›Poenichen‹-Romanen die Heldin Maximiliane, nur daß sie ›Poenichen‹ sagt, ein Dorf in Hinterpommern, auf dem die Quindts mehr als 300 Jahre ansässig gewesen sind. Die Heldin, eine Mutter Courage des Zweiten Weltkriegs, erkennt, dazu braucht sie allerdings Jahrzehnte: Der Mensch ist kein Baum, sonst hätte er Wurzeln und keine Beine.

Unvorstellbar, daß ich in meinem Heimatdorf leben,

schreiben und sterben sollte! Heimat halte ich für ein Gefühl, einen Gedanken, mit dem ich mich auseinandersetzen muß; ein Begriff, der mir das Herz erwärmt, aber nicht den Kopf verwirrt. Ich habe mich mit dem Thema ›Heimatvertriebene‹ jahrelang befaßt, ebenso wie mit jenem ›Osten‹, den wir gewohnheitsmäßig ›deutsch‹ nannten. Ich gestatte mir Heimatgefühle, aber ich halte sie unter Kontrolle; Nationalgefühle gestatte ich mir selten. ›Deutsch‹ ist kein Wertbegriff. Eine Heimat zu haben ist kein Verdienst, sondern ein Geschenk. Eine Heimat für andere zu schaffen, das wäre eine Aufgabe. (1981)

Wenn es dämmert am Heiligen Abend . . .

Wann begann eigentlich die Weihnachtszeit in unserem Pfarrhaus? Ich glaube, wenn Mutter die Adventskränze band. Zuerst den großen für die Kirche und dann den kleinen für uns. Wenn sie die schwarzen Samtdecken vom Totenfest abnahm und die roten auf Kanzel und Altar breitete und im Hausflur des Pfarrhauses den goldenen Stern aufhängte – dann war Weihnachten nicht mehr weit.

Abends zogen die jungen Mädchen aus dem Dorf mit ihren Nähmaschinen in die warme Küche und nähten: Kinderhemdchen und Männerhemden für die Berliner Stadtmission. An anderen Abenden kamen die älteren Frauen aus dem Dorf und schälten Äpfel, die im alten Backhaus auf Horden getrocknet wurden; andere strickten aus Schafwolle Strümpfe und Kopfschützer und Leibbinden. Mutter saß zwischen ihnen und stimmte Adventslieder an, und wenn es gar zu spät wurde, kam Vater aus dem Studierzimmer herunter und bot Feierabend. Wenn alles fertig war, wurden Pakete gepackt: mit Wollsocken und Hemden, einem Stück Speck, einer Wurst, mit Honigkuchen, und in Notzeiten lag auch ein Brot darin oder ein Säckchen mit Erbsen, auch der Tannenzweig war nicht vergessen. Pakete für die Männer aus dem Dorfe, die im Felde standen, und nach dem Kriege Pakete für die Armen in den großen Städten.

Auf dem Boden des Pfarrhauses standen drei große Kisten. In einer waren Ständer und Schmuck für den Baum in der Kirche, in der anderen Krippe und Baumschmuck und die bunten Teller für unser Weihnachtszimmer, und in der dritten lagen Engelsflügel und weiße Gewänder mit silbernen

Borten, Stab und Stern der Heiligen Drei Könige und goldene Haarreifen. – Abends deklamierten Engel und Hirten und Könige ihre Verse im Hausflur unterm Adventsstern, sangen, nähten an ihren Gewändern, flüsterten und lachten, und oben lagen wir Kinder in unseren Betten und horchten.

Zwei Tage vor dem Fest brachte der Förster die Tanne für die Kirche. Mutter war überall und niemals zu finden. Eben stand sie noch auf der Treppenleiter in der Kirche und schmückte den Baum. Oder probte sie das Krippenspiel? Oder war sie etwa doch im Weihnachtszimmer? Wir Schwestern hockten mit unseren Handarbeiten hinterm Ofenschirm und lernten Gedichte und Strophen auswendig. Nur der Pfarrherr saß fern von Vorbereitungen und Geheimnissen in seiner Studierstube über der Weihnachtspredigt hinter Tabakwolken und Büchern und tauchte erst wieder auf, wenn es am Heiligen Abend dämmerte.

Wenn es dämmerte am Heiligen Abend! Wenn sich der Frieden der Heiligen Nacht über unser kleines Dorf breitete, wenn das Vieh versorgt war und das Sonntagskleid angezogen, wenn die Glocken läuteten, dann kamen sie in kleinen schwarzen Gruppen durch den Schnee gestapft in die Kirche, die so wunderbar verändert war: Holzscheite prasselten im eisernen Ofen, die Kerzen gaben ihren Duft dazu, und auf dem Transparent des Altars leuchtete das blaue Kleid Marias, das Weiß der wolligen Schafe und der goldene Stern von Bethlehem. Mutters Engelschor sang ›Vom Himmel hoch da komm ich her‹, und wenn Vater anhob, die Weihnachtsgeschichte zu lesen: ›Es begab sich aber zu der Zeit, daß ein Gebot ausging vom Kaiser Augustus‹ – dann ging ein Schauer des Glücks durch uns alle. Und während wir noch standen und das letzte Lied sangen, verlöschten die Kerzen am Baume, und die Kirche wurde dunkel, wie in allen anderen Nächten des Jahres.

Dann läutete im Weihnachtszimmer das Christkind, und die Tür tat sich auf – ach, alles war anders als sonst: zum Abendbrot gab es Holundersekt, den Mutter im Frühling selbst angesetzt hatte, und die Spielsachen durften mit ins Bett. Wir lagen und warteten, daß es Mitternacht wurde und die Weihnachtsglocken läuteten. Eine Stunde lang beiern bei uns die Burschen, schlagen mit ihren Hämmern an die Glocken und singen laut vom hohen Turm herab: Dies ist die Nacht, da mir erschienen des großen Gottes Freundlichkeit.

Am ersten Feiertag ging Mutter mit den jungen Mädchen zu den Alten und Kranken im Dorf. Vor dem Haus wurden die Kerzen am Tannenbäumchen angezündet, und sie sangen ›Fröhliche Weihnacht überall‹. Hinter den Türen wartete man schon auf sie. Das Bäumchen blieb zurück und ein Korb mit Bohnenkaffee und Würfelzucker, Kakao und Plätzchen und weihnachtlicher Liebe. Und so zogen wir in der Dämmerung des Abends singend von einem Ende des Dorfes zum anderen.

Auch heute noch liegt dieses Dorf in der Weihnachtszeit in tiefem Schnee in den weiten Wäldern Waldecks, aber aus mir ist längst eine Stadtfrau geworden, die ihren Weihnachtsbaum beim Händler kauft und im Flur keinen Platz hat für den goldenen Stern. Die Krippe aus unserem Pfarrhaus ist in einer Bombennacht verbrannt. Der Vater ist schon lange tot, wir nähen keine Hemden für die Berliner Stadtmission mehr – aber wir packen in jedem Jahr ein Paket für ein unbekanntes, armes Kind, und dieses Paket wird jedesmal das schönste und größte, es bekommt keinen Absender, und es geht nach Berlin. An unserem Weihnachtsbaum hängt für jeden, den wir liebhaben und der nicht bei uns sein kann, ein Stern.

Vergangenes und Neues. Es ist schwer geworden, ein Weihnachtsfest zu feiern, das mehr Raum braucht als ein Zimmer und einen brennenden Baum und einen Gabentisch. Aber wenn wir zurückkommen aus der Lichterkirche und unsere Haustür aufschließen, dann spüren wir es, wie in dieser Nacht die Welt beschützt ist von einem unzerreißbaren Netz, gesponnen aus Fäden der Liebe, sichtbaren und unsichtbaren, aus Briefen und Päckchen, aus Gedanken, Erinnerungen und Gebeten. (1959)

Ein Sonntagsberuf

›Dies ist ein Tag, den der Herr gemacht hat, lasset uns freuen und fröhlich darinnen sein!‹ Ich sehe meinen Vater vor mir, wie er hoch oben auf der Kanzel überm Altar stand, die Dorfkirche lichtdurchflutet. An jedem sonnigen Sonntag fing er seine Predigt mit diesem Satz an.

Wie merkwürdig: erst jetzt fällt mir das auf, da er fast dreißig Jahre tot ist, wie oft das Wort Freude in seinen Predigten wiederkehrte. ›Freuet euch, und abermals sage ich: Freuet euch . . .‹ Es muß am letzten Adventssonntag gewesen sein, daß er diesen Text für seine Predigt nahm. Er hat die Akzente für alle Sonntage gesetzt: Freude. Freude ist nicht Abwechslung und Vergnügen, aber: Was ist Freude?

Wenn man mich fragt: Was habt ihr am Sonntag vor?, dann weiß ich eigentlich nie etwas zu antworten. Wir haben selten ›etwas vor‹. Das Wochenende bedeutet im Leben eines Schriftstellers – in unserem Falle sind es zwei Schriftsteller, da gilt es doppelt! – keine Zäsur. Nichts ist der Arbeit dienlicher als ein stetes Maß. So sitzen wir also Tag für Tag am Alltag und sonntags morgens um neun Uhr an den Schreibtischen, weil das, was andere Leute am Feierabend und am Sonntag tun, ja unser Alltag ist: lesen, nachdenken, schreiben. Der Theaterbesuch gehört dazu, sogar das Fernsehprogramm. Ein Sonntagsberuf also.

Am Sonntagmorgen bleibt es lange still. Da laufen die Schulkinder nicht schwätzend und rufend an meinem Schlafzimmerfenster vorbei und versetzen mich in Beschämung. So kleine Kinder und schon auf dem Weg zu ihrem Tagewerk! Fünf Stunden lang der Kritik ausgesetzt, an allem:

am Gehen und Sitzen und Sprechen und Schreiben, selbst am Schweigen.

Sonntags steht mein Mann nicht um ¾ 8 vor meinem Bett und zitiert mir den Spruch des weisen Salomo vom tugendhaften Weibe, das vor Tage aufsteht und ihrem Hause Speise gibt... Sonntags setzt er sich im Bademantel ans Spinett und spielt Choräle. ›Wachet auf, ruft uns die Stimme!‹ spielt er laut und eindringlich bei weitgeöffneter Tür. Und dann ›Tochter Zion, freue dich‹, was ja kein Weihnachtslied ist, sondern ein Jedentagslied; unversehens verjazzt er die Tochter Zion. Play Händel, play Bach, play Kühner.

Keine Morgenzeitung und darum auch keine Flugzeugkatastrophe zu Toast und weichem Ei. Keine Bilder von hungernden Biafrakindern, wenn man den Honig auf die Butter träufelt. Was man nicht vor Augen hat, vergißt und verdrängt sich leichter. Ganz abgehärtet sind wir nicht.

Niemand klingelt an der Haustür und will die Messer des Rasenmähers schärfen, niemand will mir ausführlich die Vorzüge eines schaumgebremsten Waschmittels anpreisen, es herrscht Sonntagsruhe. Keine unliebsame und keine liebsame Post geht ein. Kein Angestellter des Finanzamtes fragt telefonisch nach Unterlagen für die Einkommensteuererklärung, keine Redaktion mahnt einen Aufsatz an...

Allerdings, die Sonntagsglocken! »So viele hören die Glocken läuten, und wie wenige folgen –«, sagt mein Mann, »wie viele Glockentöne braucht ein Kirchgänger, bis er sich aufmacht? Ein Computer könnte das errechnen!« Als Sextanerin deklamierte ich zu Goethes 100. Todestag, 1932 also, in der Aula des Gymnasiums ›Die wandelnde Glocke‹: »Es war ein Kind, das wollte nie zur Kirche sich bequemen, und sonntags fand es stets ein Wie, den Weg ins Feld zu nehmen...«

Wieder laufen die Gedanken zurück in mein Heimatdorf, wo Sonntag und Kirchgang identisch waren, wo es aber doch so viel Freiheit gab, daß auch die Pfarrerstöchter selbst entscheiden durften, in welchem der drei Kirchspiele des Vaters sie zum Gottesdienst gehen wollten. Es gab die Möglichkeit, mit der Kutsche über Land zu fahren –. War es eigentlich so schlimm? Habe ich unter all den Sonntagszwängen gelitten? Wo ist mein Sonntagstrauma? Sonntagskleid und Gottesdienst.

Ich neige wohl nicht zur Opposition. Ich tue ungern etwas ungern. Darum tue ich es lieber freiwillig, ändere also meine Einstellung. Das gilt für alle kleinen Dinge des Lebens. Man spart damit viel Kraft. Warum die Eltern durch Trotz verstimmen? ›Lasset uns freuen und fröhlich darinnen sein‹, also saß ich in der Kirchbank und spielte: machte Wortspiele, Reimspiele. Eine Stunde ist so rasch vorbei, und Sonntagsverstimmungen währen oft lange. Warum nicht etwas tun, was den anderen freut? Freude – das ist doch auch Freude-Machen.

Wenn ich heute zur Kirche gehe, was so selten nicht ist und woran wohl wirklich oft die Glocken schuld sind, und mich die Predigt des Pfarrers nicht fesselt, was auch so selten nicht ist, dann sitze ich wieder ohne Opposition und ohne gegen den Pfarrer zu hadern, in der Bank und folge den eigenen Gedanken. Nirgendwo fällt mir so viel ein wie in der Kirche. Man sitzt ruhig da, der Raum ist angefüllt mit Worten, Tönen, Gedanken. Je älter und schöner der Kirchenraum ist, desto wohltuender vergeht diese Stunde. Ich singe mit den anderen, bete mit den anderen, fühle mich zugehörig und weniger abgesondert als sonst. Schreiben ist ein einsames Geschäft.

Schon ist Mittag! Waren wir nicht fleißig? Müßten wir nicht belohnt werden? Die Nachbarn rechts sind Samstag früh schon in ihr Ferienhaus gefahren, die Nachbarn links sind heute morgen mit dem Auto zu Verwandten gefahren, nur wir, wir haben gearbeitet! Mein Mann holt eine Flasche Wein aus dem Keller, das Hähnchen ist knusprig und wohlgeraten. »Was geht es uns gut!« sagt er und ist ein wenig beschämt. Das ist so selbstverständlich nicht. Ein halbes Hähnchen! Als Kind hat er sonntags ein Flügelchen bekommen, er war der jüngste von vier Pfarrerskindern. Andere haben nicht einmal einen Hühnerflügel ...

Wieder zitiere ich meinen Vater, dessen Sprüche mich durchs Leben begleiten. Sprüche aus meines Vaters Wunderhorn, nennen wir das. Bei jedem festlichen Essen pflegte er sich zurückzulehnen und einen Vers aus dem Waldeckschen Gesangbuch zu zitieren, eine alte Ausgabe, aber er beschwor, daß er den Choral noch mit eigenen Augen darin gelesen habe: »Des Leibes warten und ihn pflegen, das ist – o Höchster! – meine Pflicht. Drum hilf du mir auf allen Wegen, daß es mir ja an nichts gebricht.«

Sonntagmittagsruhe! Nicht mit einer Donnerstagmittagsruhe zu vergleichen, sie ist unbedingt. Sonntags ist Stille eine andere Stille. Beim Kaffeekochen überfällt mich plötzlich der Wunsch: es wäre hübsch, wenn ... sonntags nachmittags bekomme ich Lust auf Besuch. Man sieht sich so selten! Aber niemand weiß das, niemand kommt. Sonntagsbesuche werden lange vorausgeplant, keiner verläßt sich da auf Improvisation, das Wochenende muß ausgenutzt werden. Also suche ich mir aus den Schreibprojekten ein sonntägliches heraus.

Wenn es dämmrig wird, gehen wir wie an jedem Tag um unseren See. Es sind mehr Spaziergänger unterwegs, wir vermerken das mißbilligend, schließlich handelt es sich um unseren Park und unseren See, den wir an Wochentagen für uns haben. Selbst die Hasen trauen sich am Sonntag nicht auf die Hasenwiese. Die Enten können kaum noch laufen, so voll sind ihre Kröpfe, sie haben das alte Brot einer ganzen Woche gefressen. Die Zeiten sind gut, auch für Enten.

Wir haben keine Angst vor dem Montagmorgen, wenn wieder Alltag ist, wenn früh die Schulkinder schwatzend am Fenster vorbeilaufen. Sonntag. Alltag. Den Alltag ein wenig sonntäglicher, den Sonntag ein wenig alltäglicher – das hätte ich gern. Sonst erstickt der Alltag in Pflichten und der Sonntag unter den vielen Erwartungen und Ansprüchen, die ein einziger Tag doch nicht erfüllen kann. (1970)

Heimatkunde

Aus dem ›Glücklichen Buch der a.p.‹

Als ich klein war, dachte ich mir Märchen aus, die ich den Kindern aus dem Dorf erzählte, wenn sie zum Spielen kamen. Der Riese Gagadan tauchte in allen Geschichten auf. Im Winter hielt er seinen Winterschlaf. Schnee lag auf ihm, man konnte ihn nicht erkennen, man dachte, es ginge über verschneite Berge. Kinder zogen ihre Schlitten den Berg hinauf, der Berg war die Nase des Riesen Gagadan, aber das wußten sie nicht. Als sie sich gerade auf dem Riesen-Nasenrücken befanden und sich auf ihre Schlitten setzen wollten, mußte der Riese niesen. Sie stürzten vom Schlitten, rollten kopfüber die Hänge hinunter, der Riese Gagadan lachte, und der Berg bebte. Noch lieber als den Riesen Gagadan hatte ich Zwerge. Ich werde dir zeigen, wo sie wohnen, wenn ich dir einmal zeigen werde, woher ich komme. Aber ich glaube, ich werde es nicht so bald tun. Zuerst will ich dir alles mit Worten vertraut machen, damit es ist, als sähest du es wieder. Mit deinen-meinen Augen. Meine Schwester Ruth weiß, wo die Zwerge wohnen. Wir waren beide über vierzig, als wir es feststellten. Es gibt einen Weg, der vom Waldteich zu Vogts Mühle führt, alle nennen ihn den alten Teich, Wildschweine suhlen sich darin, er ist moorig. Dort geht eine schmale Schneise ab, zu beiden Seiten stehen die Tannen hoch, es sind Fichten, bei uns gibt es keine Tannen, es ist auch kein richtiger Weg, er ist steil, vielleicht hat man früher dort im Winter das geschlagene Holz von Pferden wegholen lassen, wer sollte ihn gehen, er führt nirgendwohin. Die Fichten strecken einander ihre Zweige zu. Auf dem Boden wächst Moos, dort haben wir immer am Tag vor Ostern das Moos für die Hasennester geholt, aber das ist wieder eine andere Geschichte. Große Fliegenpilze standen dort; unter ihren weit aufgespannten Schirmen wohnten die Zwerge. Das ist oberhalb von Vogts Mühle, aber du kennst die Sägemühle noch nicht. Wenn ich dir wieder davon erzähle, wirst du den Namen schon wissen, Vogts Mühle, ich weiß Bescheid, wirst du sagen, oberhalb davon liegt der alte Teich und der Weg unter den Tannen, wo deine Zwerge wohnen. Du hörst mir zu. Du hast dir den Namen meines ersten Lehrers gemerkt. Ich erzähle nicht oft, aber wenn ich es tue, dann hörst du mir zu.

So groß warst du! Und zeigst eine Däumlingsgröße und läßt Daumen und Zeigefinger meinen Arm hinauflaufen. Du gingst zu Lehrer Lütteke in die Schule, du hattest blonde Zöpfe, die warfst du nach hinten, damit sie die Tinte nicht verwischten. Deine Mutter konnte vom Küchenfenster aus sehen, wie dein Kopf nach rechts und links ging, daß die roten Schleifen flogen.

Ich spielte mit kleinen Puppen, Zwillingspüppchen aus Zelluloid, für die ich Himmelbetten aus Kartons baute, Vorhänge nähte, Kissen, alles ganz klein. Ich liebte und fürchtete den Stelzenmann. Er konnte durchs Küchenfenster sehen, was niemand sonst konnte, das Fenster lag hoch. Plötzlich tauchte darin ein Kopf auf: der Erdal-Mann. Ganz schwarz, von Kopf bis Fuß, mit einem weißen Lachgesicht. Er verteilte an die Kinder Gratisdosen, in denen ein silberner Ring lag. Oder ein Frosch. Alles glänzte an ihm, er hatte einen hohen Schornsteinfegerhut auf dem Kopf und lief auf meterhohen Stelzen. Als ich ihn längst schon kannte, erschrak ich trotzdem noch jedes Mal. Ich fürchtete mich, aber ich lief ihm nach. Wir bauten uns Stelzen. Da genügte ein Ast mit einer Gabel. Man mußte nur einen zweiten Ast suchen, der die Gabel an der gleichen Stelle hatte. Wir turnten auf den Stelzen herum, machten Wettrennen auf dem Bruch, aber die Stelzen waren zu hoch für mich, ich fiel immer.

Ich besaß ein Hickelrad – ein alter Radreifen, der eiserne Beschlag eines Wagenrads –, hinter dem rannte ich die Straßen runter, schlug mit dem Stock auf das Rad ein, es sprang und machte Lärm, es war viel zu groß für mich –.

Zwerge und Riesen, Miniaturpüppchen, Stelzenmänner, bin ich maßlos? Ich fürchte mich doch vor Liliputanern, vor allem, was anomal ist. Das zu Kleine und zu Große gehört in die Träume, in die Märchen, ins Spiel.

An diesem Bach, in der Nähe der Mühle –
am Merlebach, an Vogts Mühle – ich weiß Bescheid –
– stand eine Silberpappel. Sie rauschte und bog sich im Wind; ich sah immer einen Kopf darin, ein Riesengesicht zum Fürchten. Im roten Zimmer meiner Mutter befand sich ein kleiner Tisch, den sie als junges Mädchen geschnitzt und gebrannt hatte, darauf stand die Figur einer Hagar. Sie hielt den Krug, mit dem sie zum Brunnen ging, auf die Hüfte gestemmt. Die schrägen Tischbeine wurden durch eine Holzplatte unterteilt, auf der einige Kunstbände lagen. Auch ein Bilderbuch. Ich machte einen Bogen um den Tisch, ließ ihn aber nicht aus den Augen; manchmal faßte ich mir ein Herz und zog das Buch hervor. Es war großformatig, hatte nur wenige Seiten, der Einband grün-weiß gestreift. Ich hockte mich unter diese Hagar und blätterte schaudernd Seite für Seite um: ›Die schlafenden Bäume‹, Pappeln im Sturm, mit großen Gesichtern im Laubwerk, Masken und Fratzen. Ich sehe noch heute Gesichter in allen Pappeln, sie gleichen der Pappel an Vogts Mühle, wenn es dämmerig wurde. Die schlafenden Bilderbuchbäume.

Mit sieben Jahren habe ich zum ersten Mal selber ein Buch geschrieben. Copyright 1928, Verfasser-Name und Titel, genau wie in meinen anderen Bilderbüchern. Eine Patentante hatte mir ein Poesiealbum geschenkt. Das erste Buch mit leeren Seiten, das ich in die Hand bekam. Ich trug es immer bei mir, nahm es abends mit ins Bett, es war meines, auf andere Weise als andere Bücher. Ein Buch gehört dem, dessen Name auf der Titelseite steht, das glaube ich noch immer. Man kann ein Buch nicht durch Kauf erwerben. Meine Schwestern lachten mich aus. Sie erklärten mir, daß es ein Poesiealbum wäre und daß die Eltern und Freundinnen mir etwas hineinschreiben würden, Sprichwörter und Sinnsprüche. In mein Buch –? Warum? Sie äfften mich nach, riefen immer ›warum‹, ›warum‹? Nur so, zur Erinnerung! Ich habe es nicht hergegeben. Später besaß ich dann wie alle Kinder auch ein Poesiealbum mit Führerworten und mit Worten von Baldur von Schirach. Mein erstes eigenes Buch war illustriert. Rechts die Bilder, links der Text. Es hieß ›Die Sonnenkinder‹, meine Mutter hat es noch lange aufbewahrt, aber im Krieg ist es verbrannt. Die Geschichte von einem Mädchen und einem Jungen, ihre Namen habe ich vergessen. Sie wohnten mit ihren Eltern mitten in einem Wald, unter schwarzen hohen Tannen, ein Wald ohne Ende, keiner war je außerhalb des Waldes gewesen, nicht einmal der Förster oder der Vater, aber die Mutter erzählte den Kindern vorm Schlafengehen, daß dort, wo der Wald aufhörte, die Sonne schiene, daß es den ganzen Tag hell sei und warm und daß überall Blumen blühten. Sie erzählte es an jedem Abend, und die Sehnsucht der Kinder nach der Sonne wurde immer größer, bis sie sich heimlich aufmachten und tagelang durch den Wald liefen, um dorthin zu gelangen, wo die Sonne schien. Sie verließen Vater und Mutter, weil sie Sehnsucht nach der Sonne hatten. Und da fragst du, ob ich mit dir nach Spitzbergen gehen würde!

Unser Kinderschlafzimmer lag nach Osten, meine Schwestern waren verreist, und eine Cousine war zu Besuch, sie schlief im Bett neben mir. Die Sonne schien weit ins Zimmer herein, durch keinen Vorhang und kein Geäst gefiltert. Alles war weiß, Wände und Möbel. Ich erwachte früh und sah plötzlich runde und dann langgezogene schwarze Flecken, die im Zimmer auf und ab schwebten. Wenn ich für einen Augenblick die Augen schloß und sie wieder öffnete, waren die Flecken wieder da. Ich faßte nach der Schulter meiner

Cousine, weckte sie vorsichtig, deutete auf die schwebenden Flecken, beschrieb sie ihr, bis sie sie ebenfalls sah oder tat, als ob sie sie sähe, sie wiederholte immer, was ich sagte, und spielte immer, was ich spielte. Wir saßen in unseren Betten und zeigten in die Luft, da und da und da! Sonnenflecke. Vielleicht gibt es eine physikalische Erklärung dafür. Ich habe es niemandem erzählt.

Weißt du, daß ich unter einer Glückshaube geboren bin? Wehmutterhäublein nennt man das bei uns. Als ich geboren wurde, war ich noch von den Eihäuten umhüllt. Wenn sie nicht gleich nach der Geburt eingerissen und abgestreift werden, stirbt das Kind, weil keine Luft an seine Atmungsorgane gelangt. Kinder mit Glückshauben sind Glückskinder, sagt man. Die alte Frau Wiese, die Hebamme, sah mich immer an, als wäre ich ihr nicht geheuer. Ich kam so rasch auf die Welt, daß man meinen Vater nicht mehr holen konnte, der war bei einer Sterbenden im Nachbardorf. Vater ging eher zu den Sterbenden als zu den Gebärenden. Der Drang, auf die Welt zu kommen, ist stark genug, dazu brauchen sie meine Hilfe nicht, sagte er. Ich war das erste Kind, das so umhüllt auf die Welt gekommen ist, nie hatte die Hebamme das erlebt, auch mein Vater nur einmal in dreißigjähriger Praxis. Früher haben die Hebammen die Glückshaut getrocknet und an unfruchtbare Frauen verkauft. Jetzt bin ich wieder unter einer Glückshaube.

Die ersten Wochen und Monate lag ich still da, weinte wenig, schlief viel, wollte nicht stehen und wollte nicht laufen, wäre am liebsten in meinem Gitterbett geblieben. Später sprang ich gern. Von allen Mauern sprang ich hinunter. Unser Garten war von einer Steinmauer umschlossen, anderthalb Meter hoch, an manchen Stellen sogar zwei Meter. Im Herbst, wenn wir das Laub des Nußbaumes zu hohen Lagern zusammengeharkt hatten, sprang ich in den Laubberg, der schon kühl war von den ersten Nachtfrösten und bitter und scharf schmeckte. Manchmal fand ich noch Walnüsse darin, deren Hüllen schon schwarz waren; sie ließen sich schlecht lösen, die Schalen waren dünn, die Nüsse faulten bald und hielten sich nicht einmal bis Weihnachten.

Am liebsten kletterte ich auf die Friedhofsmauer, von dort konnte man die Äpfel erreichen, die niemandem und allen gehörten, Gemeindegut, säuerliche kleine Äpfel. Die Mauer war unterschiedlich hoch, der Friedhof lag am Berg. Am Eresberg! Alles liegt am Berg; unten, wo die Täler zusammenlaufen und die kleinen Bäche in den größeren Merlebach münden, liegt das Dorf.

Am höchsten ist die Mauer am Friedhofsportal. Ich balancierte bis dorthin und sprang in die weißen Taubnesseln. Alte Grabmale aus Sandstein lehnen sich gegen die Mauer. Lateinische Inschriften, Anno Domini 1794, 1802 –, keine 200 Jahre alt und schon verwittert. Über den Torbogen ist ein sechszackiger Judenstern in den Stein gemeißelt, der Stern Davids. Auch auf dem Grabstein der Großeltern befindet sich solch ein Stern. Hat ihn niemand bemerkt? Hat niemand erkannt, daß auf dem Stein des Pfarrers Davids Stern prangte? Kein Jude hat in unserem Dorf den gelben Stern getragen, sie waren schon alle fort. Der Viehhändler Levy, der Kaufmann Löwenthal, aber auch wir waren zu dieser Zeit schon fortgezogen. Unter dem Grabstein mit Davids Stern läge ich gern, da möchte ich begraben sein, das sage ich nicht oft. Kaum ein Platz auf der Welt, wo ich begraben sein möchte. Ich werde dir später die Plätze nennen, damit du es weißt, jetzt ist es noch zu früh.

Einmal im Jahr kam der Tanzbär in unser Dorf! Vorm Kriegerdenkmal und vorm Spritzenhaus gab er seine Vorstellungen. Er richtete den zottigen Körper auf, hob und senkte den Kopf, der Bärenführer gab ihm ein Tamburin, das hielt er in der linken Pfote, mit der rechten schlug er drauf, und dann setzte er sich in Bewegung: tolpatschig und schwer, die Kette rasselte im Nasenring. Man mußte lachen und war traurig dabei.

Ich balancierte in den Scheunen über das offene Gebälk, im Sommer war Heu und Stroh darauf gebanst. Du weißt nicht, was bansen ist? Wenn ich das Gleichgewicht verlor, sprang ich metertief ins Heu. Ich balancierte nicht, um das Ende des Balkens zu erreichen, sondern um zu fallen. Dabei hatte ich Angst! Ich hatte Angst, machte die Augen zu und fiel.

Ich springe so gern! Ich sprang über den Merlebach, dort, wo er am breitesten ist. Ich sah es den Jungen des Dorfes ab, die eine Bohnenstange in die Mitte des Baches stakten und sich hinüberschwangen. Angst haben und springen. Agnes kennt keine Angst, sagten die Eltern. Ich stand oft mitten in der Nacht auf, tastete mich durchs Zimmer, stieß gegen Bettpfosten und Schrankecken, alles war riesengroß. War ich mondsüchtig? Ich kroch auf den Knien um Stuhlbeine und Tischbeine, wußte nicht, wo ich war, fürchtete mich und weinte. Manchmal hörte mich meine Mutter, sie machte Licht, fand mich in einem Winkel, verstört und verweint. Sie legte mich wieder ins Bett und zog die Decke über mich. Sie sah keinen Grund, mich zu trösten. Warum tat ich das, warum blieb ich nicht im Bett? Immerhin rettete sie mich aus dieser Dunkelheit, wo alle Gegenstände ins Ungeheure wuchsen. Schlaf jetzt weiter, sagte sie und schaltete das Licht aus. Ich verlor so leicht die Orientierung.

Das Bild meines Großvaters beherrschte das Schlafzimmer meiner Eltern. Der erste und der letzte Blick meines Vaters fiel auf das lebensgroße Brustbild des schönen Vaters seiner Frau. Es hing gegenüber von seinem Bett. Er hat ihn mitgeliebt und mitbewundert, solange er lebte. Der Großvater starb früh, in voller Manneskraft, das gehörte zu seiner Großartigkeit. Ich weiß nicht, ob mein Vater unter dem Vater-Bild seiner Frau gelitten hat; falls er es tat, dann ohne Widerstehen. Er war bescheiden, er hat sich wohl nie zugetraut, einen so stattlichen und bedeutenden Mann aus dem Herzen seiner Frau verdrängen zu können. Die Pläne dieses Großvaters waren immer noch etwas größer als das, was er wirklich erreichte. Er fuhr beinahe zur Weltausstellung nach Chicago, er wurde beinahe Kommerzienrat. Ein Vater von acht Kindern, sechs Söhne! Mein Vater hatte nur drei Töchter.

Ich fange an, deinen Vater zu lieben.

Unser Vater! Er führte Tagebücher, schrieb Briefe, er hätte lieber am Schreibtisch gesessen. Ihn hat immer die Seele eines Menschen mehr interessiert als der Körper.

Ich hatte eine katholische Mitschülerin, die einzige in der Klasse, die katholisch war. Zwei Jungen waren Juden, ein Mädchen hatte einen Vater, der als Spartakist gefallen war. Alles Besondere zog mich an. Ich stand am Straßenrand, wenn die Kinder aus dem Waisenhaus vorüberzogen: in Reih und Glied, alle in den gleichen grauen Kitteln. Keinen Vater zu haben, katholisch zu sein, das war im gleichen Maße erschreckend und beneidenswert. Das Mädchen hieß Dorle, sie hatte eine jüngere Schwester, die mit drei Jahren starb. Ich wurde hingeschickt, um Dorle die Hausaufgaben zu bringen. Jemand fragte mich, ob ich das tote Schwesterchen noch einmal sehen wollte. Der Raum war abgedunkelt, in der Mitte stand auf zwei Schemeln der geöffnete weiße Sarg, ringsum brannten Kerzen in hohen Leuchtern, obwohl es heller Mittag war. Dorles Schwester lag schlafend in Blumen gebettet. Wir nannten sie Schulfestblumen, es muß Sommer gewesen sein, Blumen wie gefüllte Kamillen, ohne Duft. Es waren noch mehr Leute im Zimmer, keiner beachtete mich. Irgendwann hat mir jemand ein Bildchen in die Hand gedrückt und mich nach Hause geschickt. Ein Heiligenbild, auf dem ein kleines Mädchen in langem weißen Kleid vor einer brennenden Kerze kniete, die Hände betend emporgestreckt. Am Abend flocht ich meine Zöpfe auf, kniete mich im Nachthemd neben mein Bett, legte die Hände gegeneinander und zwang mich, schön und andächtig auszusehen wie das Kind auf dem Bild. Ich wäre so gern ein frommes Kind gewesen! Als meine Mutter zum Gute-Nacht-Sagen kam, wollte sie wissen, warum meine Zöpfe nicht geflochten wären, ich konnte es nicht erklären. Ich glaube heute noch nicht an Erklärungen. Ich bin auf die Wahrnehmungsfähigkeit der anderen angewiesen.

Mein Vater machte nur einmal den Versuch, mich aufzuklären. Er war sich nicht im klaren, was ich schon wußte, und fragte mich. Ich sagte, die Kinder kämen aus dem Nabel. Sie kommen aus dem Schoß der Frau, erklärte mein Vater. Ist mir auch recht, habe ich gesagt, und dabei blieb es. Aus dem Schoß, das war geheimnisvoll. Ich war nie neugierig. Ich lese keine Briefe, die nicht an mich gerichtet sind. Ich forsche nicht nach. Ich bin zu empfindlich, um mir Neugierde leisten zu können. Ich würde dadurch immer wieder zusätzlich verletzt. Neugier würde die Schutzschicht von innen her durchbrechen.

Weißt du, was Hasennester sind? Da ging man in der Karwoche zum Schreiner und ließ sich Holzstäbe schneiden, eine Handspanne lang, und dann ging man in den Wald, holte Moospolster –

dort, wo die Zwerge wohnen, oberhalb von Vogts Mühle!

Ein Hasennest muß in jedem Jahr an derselben Stelle angelegt werden, das ist wichtig! Man pflockt die Holzstäbe in die Erde, im Kreis mit einem Durchmesser von 20 cm, polstert Boden und Wände dick mit Moos aus. Ein Nest oder zwei oder drei, für jedes Kind eines. Als nächstes muß man dann den Hasenweg zu den Nestern bauen. Wenn Ostern spät liegt und der erste Klee schon sprießt, baut man auch noch eine Hasenfutterstelle; frische Grasspitzen und Löwenzahn und Klee, das fressen Hasen gern. Am Ostermorgen, wenn man noch so früh in den Garten lief, war der Hase schon früher dagewesen. Der Klee war verschwunden, der Pfad verwüstet, die Stäbe umgestoßen, weil der Hase es eilig hatte. Unsere Hasennester bauten wir in der Laube, die von Pfeifenkraut umrankt war, in der Mitte stand ein Tisch aus einem Mühlstein. Du kennst Pfeifenkraut nicht? Handtellergroße flache Blätter, hellgrün, es blüht unscheinbar, man muß die kleinen braunen Pfeifchen unter den Blättern suchen.

Meine Mutter litt, als sie älter war, unter Arthritis. Sie war oft krank.

Am Waldrand, oberhalb des Friedhofs, standen zwei Buchen so dicht beieinander, daß man eine Hängematte zwischen den Stämmen anbringen konnte. Mein Vater setzte sich ins Gras, lehnte sich mit dem Rücken gegen einen der Baumstämme, hakte den Spazierstock in die Maschen der Hängematte, in der meine Mutter lag, und schaukelte sie. Sie trug ein weißes Stickereikleid. Er las ihr aus dem ›Zauberberg‹ vor, sie war ein wenig lungenkrank.

Beschreibst du ein Bild von Renoir?

Ich liebte dieses Bild! Ich kenne es nur aus den Erzählungen meiner Mutter, es hätte ›Das Glück‹ heißen können.

Ich hatte mir ein Haus – ein Nest! – in einem Eichbaum gebaut, der stand im Sandweg. Den Sandweg, den zeige ich dir einmal. Das war ein Hohlweg zwischen Gemüsegärten, Erwachsene kamen nicht dorthin, andere Kinder spielten dort nie. Gartentüren mit rostigen Schlössern und Riegeln führten zu ihm, es ging steil hinunter, man mußte über den Lehmboden rutschen, durch hohen wilden Meerrettich. Haselgesträuch, Hagebutten und Schlehen wuchsen dort und dieser verkrüppelte Eichbaum, in dem ich wohnte und las; kein Rufen drang bis dorthin, man war sicher im Geäst und im Blattwerk. Ein Strauch wuchs im Sandweg, dessen Blätter rochen, wenn man sie zwischen den Fingern rieb, nach Apfelkraut, nie wußte man, welcher es war, man mußte alle Sträucher durchprobieren. Ich traue mir zu, ihn wiederzufinden. Die Sommerhitze staute sich im Sandweg, die Luft war voller Meerrettich- und Apfelkrautduft. Einen Sommer lang gehörte das Laubhaus mir, dann habe ich den anderen Kindern mein Versteck gezeigt. Ich wollte immer alles teilen. Ich habe immer alles verraten.

Als Kind dachte ich mir Geschichten aus, Lügengeschichten, Riesen- und Zwergengeschichten. Meine Mutter sagte, das Kind ist nicht aufrichtig, das Kind lügt. Mein Vater verteidigte mich: Es hat ein loses Verhältnis zur Realität. Ich hätte gern gewußt, was das war: Realität. Ich weiß es bis heute nicht! Einmal stand ich oben auf der Treppe vorm Haus, ein paar Meter davon entfernt standen die anderen Kinder, auch meine Schwestern. Sie riefen im Chor: Wer einmal lügt, dem glaubt man nicht, und wenn er auch die Wahrheit spricht. Dann liefen sie weg. Sie hatten sich gegen mich verbündet. Vermutlich hatte ich gelogen, das weiß ich nicht mehr, nur, wie ich auf der Treppe stand, ausgeschlossen von den anderen.

Einmal war die Tür zum Weihnachtszimmer –

– das rote Zimmer mit den schlafenden Bäumen?

– tagelang verschlossen; mittags, es war Heiliger Abend, stand die Tür offen. Wer war im Weihnachtszimmer gewesen? Wir wurden verhört, erst zusammen, dann einzeln, und am Ende blieb es an mir hängen. Agnes lügt immer, sie nascht auch immer. Ich leugnete, das machte es schlimmer. Der Heilige Abend verlief ohne Festlichkeit und Heiterkeit. Meine Mutter war betrübt über ihr verstocktes Kind. Es gab Geschenke, aber gesungen wurde nicht, wer hätte singen können, wo ein Lügenkind im Raum war. Epiphanias war schon vorüber, da kam es ans Licht, wer im Weihnachtszimmer gewesen war. Meine Mutter sagte, dann sei ja alles wieder gut. Aber für mich war es nicht wiedergutzumachen. Ich war fünf Jahre alt und hatte schon erfahren, daß man einem Kind nicht ansehen kann, ob es lügt oder die Wahrheit sagt.

Für heute ist die Lektion zu Ende.

Dort in dem Dorf bin ich noch heute das Kind meiner Eltern, dort habe ich den Namen nicht gewechselt, sie sagen ›du‹ zu mir, sprechen von dem alten Doktor, als sei er eben noch unter ihnen gewesen. Wenn ich zu Besuch bin, erzählen sie von Tod und Krankheit, Bränden und Hochwassern. Nur das Schlimme ist mitteilenswert. Wenn nach dem vollen Geläut die Glocke noch ein paarmal anschlug, die Beteglocke, hielten die Bauern auf dem Feld die Pferde an und zogen die Mütze. Die Glocke schlägt auch heute noch an, ich könnte ihr Geläut unter Hunderten erkennen. Aber die Leute bleiben nicht mehr stehen, der Trecker tuckert zu laut, sie hören die Glocke nicht. Wenn sie zu ihren Feldern fahren, müssen sie die Unterführung der Autobahn benutzen; dort, wo einmal der Sandweg war. Viele Häuser stehen nicht mehr, Aussiedlerhöfe sind gebaut worden, die Autobahn trennt den Friedhof vom Dorf, die Buchen, an denen Mutters Hängematte hing, sind gefällt. Es gibt keinen Arzt mehr am Ort, in unserem Haus befindet sich die Raiffeisenkasse. Die Schule steht leer, die Kinder fahren mit dem Bus in die Mittelpunktschule. Der Merlebach umgeleitet und kanalisiert, Ziegelei und Sägemühle abgerissen. Wir brauchen nicht hinzufahren. (1970)

›Komm in meinen Umarm!‹

Im Goethejahr 1932 stand ich als Quintanerin der Bathildisschule in Arolsen – einer reinen Mädchenschule – auf dem Podium der Aula und deklamierte auf eigenen Wunsch Goethes ›Willkommen und Abschied‹. Ich stand mit durchgedrückten Knien, die Augen vorsichtshalber geschlossen, dachte an Friederike aus Sesenheim, den jungen Goethe, das Pfarrhaus – ich war ein belesenes kleines Mädchen – und setzte an: »Es schlug mein Herz, geschwind zu Pferde! Es war getan, fast eh gedacht . . .« Ich ließ mich vom Tempo der Zeilen und des Pferdes mitreißen, fiel in Galopp, nahm bei »und Zärtlichkeit für mich – ihr Götter!« – den Graben, vergaß die Aula, die Lehreraugen, erreichte ohne abzustürzen die letzte Hürde, riß die Augen auf und endete begeistert: »Und doch, welch Glück, geliebt zu werden! Und lieben, Götter –«, dann verpaßte ich das Reimwort und sagte nicht »welch ein Glück!«, sondern: welche Lust. In einer reinen Mädchenschule.

Ich war viel zu früh eingeschult worden, war fast zwei Jahre jünger als meine Mitschülerinnen; manchmal ruhte ein Lehrerinnenblick mit Sorge und Mißtrauen auf mir. Ich bin sicher, daß ich das Wort ›Zärtlichkeit‹ auf dem Umweg über dieses Gedicht kennengelernt habe. Ich galt als Schmusekatze. Mein Zärtlichkeitsbedürfnis wurde im Elternhaus nicht befriedigt, man sagte artig ›Gute Nacht‹, gab Vater und Mutter einen Kuß, das war die Tagesration. Meine einzige Schwester rannte weg, sobald ich ihr einen Gutenachtkuß geben wollte; es gehörte zum abendlichen Ritual, daß ich mich ihr mit der Drohung, sie zu küssen, näherte, dann lief sie aus dem Zimmer, und wir jagten durchs Haus. Diese Jagd nach Liebe endete dann meist in einer Schlägerei. Wenn wir in den Betten lagen, kamen die Eltern, die im Großelternalter waren, und sangen noch ein Lied. Manchmal, nicht immer! Wer annimmt, sie hätten Wiegenlieder oder doch Kinderlieder gesungen, kennt sich in protestantischen Pfarrhäusern nicht aus. Meine Eltern sangen Mendelssohn-Lieder, zweistimmig. Ob in einem Kinderzimmer Einstimmigkeit herrschen sollte?

Das Angebot an Zärtlichkeit war gering, die Nachfrage groß; ich holte mir, was ich brauchte. Wenn ich den Vater von weitem sah, breitete ich die Arme aus, rief: »Wer kommt in meinen Umarm!«, lief auf ihn zu und wurde aufgefangen und durch die Luft geschwenkt. Wenn meine Mutter auf dem Sofa ruhte – sie war oft leidend –, dann ging ich zu ihr und streichelte sie vorsichtig. Man mußte nur den ersten Schritt tun, verweigert wurde nichts. Meine Mutter, die zu Zärtlichkeit nicht begabt war, brauchte Zärtlichkeit; gespürt habe ich das früh, begriffen erst viel später. Mein Vater schrieb zärtliche Briefe an seine Frau, liebevolle und lobende Gedichte zu ihren Geburtstagen, aber ich erinnere mich nicht, daß er den Arm um sie gelegt hätte, daß er sie küßte. Aus der Ehe der Eltern drang nichts nach draußen. Wir lebten auf Distanz.

Was man zu Hause nicht findet, sucht man sich außer Hause. Ich ging zu Dorfe! So wurde das genannt. Eines Tages fiel meiner Mutter auf, daß meine Bäckchen ständig gerötet und rauh waren. Woher und wieso? Ich kletterte den Bauern – den alten, die in der Stube saßen oder auf der Bank vorm Haus – auf den Schoß, und weil man sich auf dem Lande nur am Sonntag rasierte, wurden meine Backen von all den Küssen, die ich mir einholte, wund. Ein mütterliches Dekret wurde erlassen, das ich umgehend meinen alten Freunden kundtat: »Mutter hat boten, alle fremden Männer Kuß geben!« Dieser Satz einer Dreijährigen wurde kolportiert und kam schließlich auch im Pfarrhaus an. Er wurde bei allen passenden Anlässen zitiert. Mit Ironie. Zitat und Ironie spielten bei meiner Erziehung eine große Rolle.

Die Ermahnungen meiner Mutter haben lebenslänglich gewirkt. Heute bin ich eher zurückhaltend in meinen nichtsprachlichen Äußerungen. ›Sei umarmt!‹ schreibe ich unter einen Brief, aber bei einer Begegnung würde ich den Arm nicht um den Betreffenden legen. ›Komm in meinen Umarm!‹, einige Freunde kennen diesen Satz, wenn ich ihn lachend zitiere, fällt mir die zärtliche Umarmung leichter. Mir gab – im Goetheschen Sinne – ein Gott die Fähigkeit zu sagen, wie ich leide und wie ich mich freue, aber die Begabung, zärtliche Gefühle zu zeigen, scheint verschüttet zu sein.

Wer die Deutschen in den achtziger Jahren beobachtet, könnte annehmen, wir seien ein herzliches, zur Freundschaft begabtes Volk. Kaum hat man sich zwei-, dreimal gesehen, umarmt man sich bei der Begrüßung. Als wäre man im Kreml! Wenn ich merke, daß jemand zu einer Umarmung ansetzt, sage ich rasch noch »Brüderchen!«, bevor sich ein fremdes Gesicht an meines drückt, oder gebe kleine Regieanweisungen, flüstere »rechts!«, damit man nicht, ungeübt, mit den Nasen aneinanderstößt. Ich mag nicht, wenn jemand achtlos seine Hand auf meinen Arm legt und dort liegen läßt, als handele es sich um einen Kaminsims, ich gebe sie lächelnd dem Eigentümer zurück. Ich gehöre zu den Analphabeten der zärtlichen Körpersprache, aber: es gibt auch in dieser Sprache wirkliche Begabungen, Naturtalente. Zärtliche Hände, die alles streicheln: den staubigen Esel auf einer griechischen Insel, ein hungriges Kätzchen in Rom, einen Baumstamm, einen rotwangigen Apfel, sogar ein Menschengesicht.

›Und Zärtlichkeit für mich – ihr Götter! Ich hofft es –‹, und ich hab's bekommen. (1984)

Erste Liebe, letzte Liebe

Was für ein Geschrei um den ersten Zahn, bei dem, der ihn bekommt! Was für jubelndes Entzücken bei jenen, die ihn als erste entdecken. Die ersten Schritte! Die doch unweigerlich zum Sturz führen: welches Aufsehen, welche Befriedigung. Ein Lebensweg beginnt! Der erste Kuß! Wie viele wird es geben? Hochgerechnet?

Was für ein heiteres Erinnern an alles, was erstmalig war.

Die erste Liebe! Man mußte nur nachspielen, was im Märchenbuch stand. Der Lehrer der einklassigen Dorfschule übernahm die Regie meiner ersten Liebe. Weil ich die Tochter des Pfarrers war, entschied meine Herkunft über die Besetzung der Hauptrolle: Dornröschen! Die Feen beschenkten mich mit Wundergaben, mit Tugend und Schönheit und Reichtum und allem, was auf der Welt zu wünschen ist. Nachzulesen in Grimms Hausmärchen. Die Rolle des Prinzen wurde mit dem Sohn des größten Bauern besetzt, zehnjährig, wer sonst hätte in diesem Dorf zum Königssohn getaugt? Er führte einen Königsnamen, er hieß Otto; gespielt wurde auf der Bühne des Gasthofs. Bevor das achtjährige Dornröschen in hundertjährigen Schlaf fallen konnte, hatte es hinter der Bühne auf seinen Auftritt zu warten, der Königssohn ebenfalls. Es war dämmrig, man mußte leise sein, um die Aufführung nicht zu stören. Wir waren allein. Der Prinz näherte sich und versuchte, das vor Lampenfieber bebende Dornröschen probeweise zu küssen. Ein Versuch, der am beiderseitigen Ungeschick scheiterte. Kein Bildschirm hatte uns die nötigen Kenntnisse vermittelt. Die Erziehung der Pfarrerstochter siegte über die Eroberungslust eines Bauernjungen. Den einzigen wiederbelebenden Kuß ihres Prinzen bekam Dornröschen, gemäß den Anweisungen des Lehrers, im rechten Augenblick auf der Bühne. Die Aufführung war einmalig! Keine Wiederholung. Kein Nachspiel.

Aber schon der Versuch, mich aus eigenem Antrieb, ohne Aufforderung zu küssen, hatte genügt: ich war verliebt!

Meine persönlichen Dornröschen-Erinnerungen im Kopf, habe ich dann die kleine Maximiliane von Quindt aus Poenichen in Hinterpommern ebenfalls ›Dornröschen‹ spielen lassen, mit größerer Berechtigung: sie lebte in einem Schloß. Der Prinz, mit Namen Klaus Klukas, seiner Herkunft nach ein Landarbeitersohn, wird, ehe er sich versieht, von Dornröschen stürmisch geküßt. Er zieht, in pommerschem Platt laut schimpfend, davon: Küssen laß ick mich nich! Trotzdem blieb Klaus Klukas die erste Liebe der Maximiliane von Quindt.

Wie leicht sich das feststellen läßt: die erste Liebe. Aber wie schwer zu sagen: die letzte Liebe. Oder doch nicht? Keine Spekulationen jetzt über die letzten Schritte und den letzten Zahn! Obwohl es gerade wegen der letzten Zähne viel Lamento gibt. Über den letzten Kuß läßt sich noch gar nichts sagen, es sei denn von Beckett, von Ionesco, von Thomas Bernhard. Nicht von mir! Eines Tages weiß man – sollte man wissen jetzt wird nicht mehr gezählt, keine Zahlworte mehr, das Einmaleins der Liebe ist zu Ende. Jetzt weiß man: dabei bleibt es, jetzt und immer und ewig. Bis daß der Tod uns scheidet. Nicht einmal die christliche Trauformel genügt dann noch. Wir gehen zusammen, sagt der, den ich liebe, der Otto heißt. Von Otto dem Ersten zu Otto dem Letzten, das Leben reimt sich. Ich sage dann: Versprichst du mir das? Und er sagt: Das verspreche ich dir! Eine Unterredung im Halbernst geführt. Ich zitiere mich selbst, zitiere Mosche Quint, den ältesten Sohn der Maximiliane aus Poenichen, der ängstlich ist und sich bei der Mutter vergewissert: Versprichst du mir das? Und dann sagt sie: Das verspreche ich dir! –

Längst haben wir Verabredungen getroffen fürs Jenseits,

im Sektor Literatur. Man kann sich dort nicht verfehlen. Wen wird man schon antreffen? Paul Gerhardt! Das wäre mir recht, einen großen Choral hätte ich – für mein Leben gern – geschrieben. Matthias Claudius – mit Vergnügen! Heinrich Böll –? Der Sektor wird doch nicht durch eine Konfessionsgrenze geteilt sein? Aber das Jenseits als unendliche PEN-Tagung? In dem jeder sich selbst zitiert? Mir kommen Bedenken. Ich muß mich mit dem Besitzer meiner letzten Liebe genauer darüber verständigen. (1984)

Von der treuen Auguste, dem Paradiesvogel und dem Weltfrieden

Aus dem Kinderbuch ›Träume brauchen nicht viel Platz‹

Einmal im Jahr gab es in meinem Elternhaus ein Schlachtfest. Da wurde das Schwein geschlachtet, das wir Tag für Tag im Stall – er stand neben dem Pfarrhaus und der Scheune – gefüttert hatten, bis es dick und fett war. Wir Kinder zogen uns die Federbetten über den Kopf, um das Angstquietschen unseres Schweines nicht zu hören, und hörten es doch. Dann hing unser Schwein aufgeklappt wie ein Buch lange Zeit neben der Haustür, das Blut tropfte dampfend in große Schüsseln, später drang dann warmer Fettgeruch in alle Zimmer. Unser Pfarrhaus verwandelte sich in eine Metzgerei. Das war kein Fest, auf das ich mich freute!

Aber zwölfmal im Jahr gab es ein Waschfest, und darauf freute ich mich. Dann kam die treue Auguste ins Haus. Sie muß noch einen anderen Namen gehabt haben, aber für uns war sie ›die treue Auguste‹. Hölzerne Zuber wurden gewässert, damit sie wasserdicht wurden, Holzscheite mußten herbeigeholt werden, unterm Waschkessel wurde ein Feuer angezündet, dann roch es auch bald nach Kernseife, und Wasserdampf drang durch Türen und Fenster der Waschküche. Mitten in den Dampfwolken hantierte mit geröteten Armen und Backen die treue Auguste, und ich durfte ihr helfen. Ich durfte auf einer Fußbank am aufgebockten Waschzuber stehen und auf einem kleinen Waschbrett die Taschentücher rubbeln. Alles, was klein war, schob die treue Auguste mir zu. Wenn kein Wäschestück mehr in der Lauge schwamm, durfte ich den Spund aus dem Bottich ziehen, und das schmutzige Wasser strömte in die Eimer. Man hatte alle Hände voll zu tun, da konnte man sich nicht mit ›bitte‹ und

›danke‹ aufhalten. Die treue Auguste sagte auch nicht: »Mach dich nicht naß.« Wer wäscht, wird naß. Dann schleppten wir die Wäschekörbe auf den Wimhof, das war der große Obstgarten. Dort legten wir die Wäschestücke zum Bleichen ins Gras. Handtuch neben Handtuch und Nachthemd neben Nachthemd. Wenn die Sonne die Wäsche getrocknet hatte, durfte ich mit einer kleinen Gießkanne die Wäsche ›leckern‹, so sagt man in meinem Dorf. Leckern, das ist nicht dasselbe wie gießen. Die Wäsche darf nicht triefend naß werden, nur eben angefeuchtet. Das gelang mir meistens. Trotzdem hat die treue Auguste mich nicht gelobt, dafür war keine Zeit.

Aber sie selbst wurde von meiner Mutter gelobt, und es gab nichts so Erstrebenswertes, wie von meiner Mutter gelobt zu werden. Eigenhändig brachte sie uns die Mahlzeiten auf einem Tablett in die Waschküche. Am Ende des mehrtägigen Waschfestes wurden die Zuber noch einmal mit warmem klaren Wasser gefüllt, und dann durften meine Schwester und ich darin baden und planschen, bis die Waschküche unter Wasser stand. Der erste Swimmingpool meines Lebens! Es stand fest: Ich wollte Waschfrau werden, nicht irgendeine, sondern die treue Auguste, und jeder Tag sollte ein Waschtag sein.

Von diesem ersten Kindertraum ist eine elektrische Waschmaschine übriggeblieben. Sie steht im Keller und wird ›die treue Auguste‹ genannt. Sie ist schon recht alt und schafft nur noch wenige der vorgesehenen Waschgänge. Ich muß ihr gut zureden und muß sie loben, damit sie mir noch eine Weile treu bleibt.

Es kamen oft Missionare zu uns, um in der Dorfkirche Lichtbilder zu zeigen und von ihrer Arbeit auf den Missionsstationen zu berichten. Für diese Arbeit hatte fast jeder im Dorf Geld in den Klingelbeutel getan, wenn für ›die äußere Mission‹ gesammelt wurde. Äußere Mission – das waren zwei unbekannte Worte gewesen, und plötzlich bekam man das alles zu sehen. Mit eigenen Augen, schwarz-weiß, aber deutlich zu erkennen. Bilder aus China! Aus Afrika! Aus Sumatra! Das Wort Sumatra liebte ich ganz besonders, aber noch mehr Neu-Guinea, wovor ich mich allerdings auch sehr fürchtete. Ich habe Palmen gesehen, Strohhütten! Und dunkelhäutige Menschen, die man ›Eingeborene‹ nannte, und alle lebten ›im Busch‹. Sie trugen Basthöcke und hatten bemalte Gesichter. Diese Eingeborenen wurden, wenn sie verletzt oder krank waren, im Missionshaus verbunden und geheilt oder saßen in der Missionsschule auf Schulbänken und bekamen Geschichten von Jesus erzählt, der alle Menschen ohne Unterschied liebt und der will, daß Frieden auf Erden sei, und der sie vor ihren bösen Göttern beschützt. Ich träumte hinterher die ganze Nacht Geschichten aus Sumatra. Und Neu-Guinea!

Bevor die Missionare wieder abreisten, schrieben sie in unser Gästebuch mit seltsamen Schriftzeichen Worte, die nicht einmal mein Vater lesen konnte. Um in diese wunderbaren fremden Länder zu gelangen und die kranken Eingeborenen, die im Busch lebten, heilen und ihnen von Jesu Wundern – eine Pfarrerstochter kannte sie natürlich – berichten zu können, mußte man Missionar werden. Aber das konnte ich niemals werden, weil ich nur ein Mädchen war. Ich beschloß also, so bald wie möglich einen Missionar zu heiraten – wie meine Tante Lina. Auf diese künftige Tätigkeit bereitete ich mich vor, indem ich zunächst einmal, soweit sie es zuließen, die kleinen Kinder aus der Nachbarschaft wusch. Gesicht, Hände und Arme. Viele Kinder in unserem Dorf waren arm, ihre Väter arbeiteten im Wald, in der Schmiede oder in der Schreinerei. Eine Wollmütze und einen Schal, mehr an Winterkleidung besaßen sie nicht. Im Winter war die Haut rauh und die Knöchel blutig, dann durfte ich sie auch salben. Meine biblischen Geschichten habe ich den Kindern mit der Salbe unter die Haut gerieben. Es gab damals im Dorf weder einen Kindergarten noch einen Kinderspielplatz und auch keinen Kindergottesdienst. Meine kleine Missionsstation hatte also keine Konkurrenz.

Aber ohne den Paradiesvogel hätte ich mir ein Leben als

Missionarsfrau nicht träumen lassen. Dieser Paradiesvogel stammte aus Neu-Guinea und befand sich in einem Glaskasten, der im ›roten Zimmer‹ meiner Mutter an der Wand hing. Er war das einzige Andenken an Tante Lina, die mit ihrem Mann, einem Missionar, in Neu-Guinea unter Eingeborenen lebte, bis sie und ihr Mann von Menschenfressern... So war es! Und das würde mir vielleicht auch passieren. Ich war ein ängstliches Kind, das sich unter heftigem Herzklopfen die gefährlichsten Abenteuer ausdachte.

Wenn ich später Kulturfilme über Neu-Guinea sah und die Eingeborenen, wie sie ihre Tänze tanzten, um die Touristen zu unterhalten, dann überfiel mich dieselbe Angst wie als Kind vor dem wunderschönen bunten Paradiesvogel, in welchem die Seelen von Onkel und Tante wohnten. Wo denn sonst? Seelen konnte man doch nicht auffressen.

Ich wurde älter und mußte die höhere Schule besuchen. Ich fuhr mit dem Fahrrad bergauf und bergab, sechs Kilometer hin und sechs zurück. Der Ernst des Lebens fing an. ›Du wirst dich noch umgucken!‹ Das hat man mir frühzeitig prophezeit, und ich habe mich oft nach diesem kleinen Mädchen umgeguckt, das unter dem alten Nußbaum vorm Pfarrhaus die rauhen Hände der Dorfkinder salbte und das helfen ›durfte‹ und nicht helfen ›mußte‹.

Von einem Tag zum anderen hatte sich alles geändert, ich mußte pünktlich zur Schule fahren, ich mußte Hausaufgaben machen, ich mußte im Garten und in der Küche helfen. Und dann hätte ich auch noch Dienst beim BDM tun müssen, dem ›Bund deutscher Mädchen‹, aber das habe ich nicht getan. Inzwischen hatte Hitler die Macht ergriffen. So steht es in den Geschichtsbüchern. 1933 heißt die Geschichtszahl. Von da an hat niemand mehr nach meinen Wünschen gefragt. Ein ganzes Volk sollte die Wünsche seines ›Führers‹ erfüllen, der mit allen Mitteln und mit aller Gewalt ein mächtiges deutsches Reich errichten wollte. Meine Eltern teilten seine Wunschträume nicht, sie glaubten an Gott und nicht an Adolf Hitler. Mein Vater durfte sonntags nicht mehr in der Kirche predigen, wir mußten das geliebte Haus unterm alten Nußbaum verlassen und auch den Garten, wo es Grotten und Lauben und einen Teich gab. Wir mußten fort aus dem Dorf, wo ich alle Menschen kannte und wo alle mich kannten. Wir zogen in eine Großstadt. Ich besuchte ein Lyzeum und war unglücklich. Was habe ich mir damals gewünscht? Was habe ich geträumt? Ich weiß es nicht mehr. Ich habe den Führer-Befehlen gehorcht. An den Sonnabenden, wenn die anderen Schüler Dienst in der Hitler-Jugend machten, bekamen ich und ein paar andere Schüler politischen Unterricht. Es war wie Nachsitzen und Strafarbeit. Dann mußte ich ein ›Pflichtjahr für deutsche Mädchen‹ in einem kinderreichen Haushalt ableisten. Hitler redete vom Frieden und bereitete den Krieg vor, der dann als ›Zweiter Weltkrieg‹ in die Geschichtsbücher eingegangen ist. Ich war siebzehn Jahre alt und wurde zum Kriegseinsatz kommandiert, einmal hierhin, einmal dorthin. Der Mann, den ich liebte, war Soldat in Frankreich, dann in Rußland, und dort ist er gefallen. Nachts saßen wir alle in Luftschutzkellern und Bunkern. Die Stadt, in der ich damals lebte, in der meine Eltern sich ein Haus gebaut hatten, wurde in einer einzigen Stunde durch Bomben vernichtet, auch mein Elternhaus, auch der Paradiesvogel. In jener Nacht wurde ich erwachsen. Ich hatte kein Elternhaus mehr und auch keinen Wohnsitz. Und wieder wurde ich abkommandiert. Fünf Jahre lang hatte alles, was ich besaß, in einem einzigen Koffer Platz. Ich wollte Architektur studieren: Die Städte mußten doch wieder aufgebaut werden! Aber meinen Wünschen stand der Wunsch des ›Führers‹ an die deutsche Frau entgegen. Frauen mußten in Munitionsfabriken und Flugzeugwerken arbeiten und mußten am Rand der Städte Fliegerabwehrkanonen bedienen, die man Flak nannte. Frauen wurden an den Technischen Hochschulen nicht zum Studium zugelassen. Ich wollte keine Einfamilienhäuser oder Mietshäuser bauen, ich hatte größere Pläne im Kopf, und tief in mir lebt dieser Traum noch immer: Ganze Städte hätte ich bauen wollen. Eine

Traumstadt auf einem Hügel mit Kirche und Schule, Gärten, Treppen und Plätzen. Wie viele solcher Städte habe ich schon in den Sand gezeichnet, und der Wind hat sie verweht. Große Wünsche lassen sich nicht im kleinen verwirklichen, ein eigenes Haus habe ich mir nicht nach meinen Wünschen bauen lassen.

Damals, im Krieg, fingen alle Wünsche und alle Träume mit dem Satz an: Wenn der Krieg vorbei ist. Und dann war er eines Tages vorbei. Das Deutsche Reich war vernichtet. Wir, die den Krieg überlebt hatten, kamen aus den Bunkern hervor, und später kamen die Männer aus den Gefangenenlagern zurück. Hitler war tot! Die Diktatur war vorbei. Wir waren frei. Wir würden eine neue Welt aufbauen, es würde nie wieder Krieg geben. Nirgendwo auf der Welt! Wir träumten von einem großen, friedlichen Weltreich. Wir müssen geträumt haben...

Ich glaube, wir haben uns dieses Reich nur gewünscht. Träume und Wünsche müssen aber verwirklicht werden. Dafür muß man etwas tun. Nicht ›etwas‹, viel muß man dafür tun! Ich und alle anderen haben das zu spät erkannt. Der eine Koffer genügte mir nicht mehr. Ich wollte mehr Kleider und mehr Schuhe besitzen, ich wollte ein eigenes Bett und einen eigenen Tisch und eine eigene Schreibmaschine besitzen. Ich wollte mich satt essen können. Ich wollte glücklich sein, ich wollte tanzen, und ich wollte die Welt sehen. Wenn eine neue Regierung gewählt werden mußte, habe ich lange überlegt und dann ein Kreuz bei jener Partei gemacht, die mir die richtige zu sein schien.

Es ist nur ein schöner Traum gewesen! Aus dem einen friedlichen Weltreich sind feindliche Weltmächte geworden, die sich mit Atomwaffen bedrohen. Immer wieder gibt es Kriege, überall auf der Welt. Viele Menschen protestieren dagegen, auch ich. Wir wollen nicht glauben, daß es Kriege geben muß, weil es immer Kriege gegeben hat.

Und was ich heute träume? Ach, da wird man mich auslachen, wenn man es liest. Ich träume davon, daß ich einmal einen Satz schreiben werde, der alle Menschen klüger macht. Der alle Probleme löst. Alle müßten plötzlich über diese Dummheit lachen, sich mit Atomwaffen zu bedrohen, statt glücklich und in Frieden miteinander zu leben. Manchmal denke ich, es könnte alles so einfach sein: Die Erwachsenen sorgen für die Kinder, die Reichen sorgen für die Armen. Wer Arbeit hat, sorgt für den, der keine Arbeit hat. Und wer glücklich ist, sorgt für den, der unglücklich ist. Wer lesen kann, liest dem vor, der noch nicht lesen kann. Wer schreiben kann, schreibt für den, der noch nicht schreiben kann. Es gibt noch mindestens zehn weitere Hilfs-Sätze. Wer sie mir aufschreibt, dem schenke ich ein Buch.

Ob ich doch eine Missionarin geworden bin, die Worte schreiben möche, die unter die Haut gehen wie eine Salbe? Und jetzt rumpelt unten im Haus ›die treue Auguste‹. Ich muß mich um sie kümmern, sie ist ja schon alt. Ich verlasse den Schreibtisch. Immer tue ich etwas, was nicht so schwierig ist, die kleinen Dinge. Die großen Dinge träume ich nur, und das machen die anderen Menschen genauso. (1984)

DIN A5 – eine Schulzeit im ›Dritten Reich‹

Als meine Mutter den Satz »Lies mir das bitte vor!« nicht mehr hören konnte, schickte sie mich in die Schule, damit ich endlich lesen lernte. Irgendwann, mitten im Schuljahr, ich war gerade fünf Jahre alt geworden. Ich saß in der letzten Reihe einer einklassigen Volksschule; die Versetzung erfolgte von einer Bank zur anderen. Ich habe dort Heimatkunde gelernt, außerdem Stricken und Lesen und Schreiben. Heute steht die Schule leer, die Dorfkinder werden mit Schulbussen zu größeren schulischen Unternehmen befördert.

Meine Eltern hatten Größeres mit mir vor, Ziel war eine Höhere Schule. Das vierte Grundschuljahr saß ich in einer städtischen Volksschule ab, in Arolsen, einem Residenzstädtchen, über dem damals noch fürstlicher Glanz lag. Auch dieser Schulbesuch befähigte ein kleines Mädchen noch nicht dazu, ein Gymnasium zu besuchen, dazu bedurfte es der weiteren Vorbereitung auf einer Mädchenschule, der Bathildis-Schule, nach der Fürstin-Mama benannt. Zwei Jahre später durfte ich – gründlich geprüft – in das Reform-Realgymnasium gehen; nur wenige Mädchen durften das. Außer dem Gymnasium befand sich eine SA-Führerschule in den Gebäuden; der Kasernenhof war unser Schulhof, später zog SS dort ein; heute befindet sich eine NATO-Einheit in den Schulgebäuden, Belgier, soviel ich weiß. Die Schule heißt jetzt Christian-Rauch-Gymnasium. Ich war eine Fahrschülerin. Täglich zweimal sechs Kilometer hin, sechs Kilometer zurück, landschaftlich hübsch, aber bergig. Und weiterhin zu jung, was in jedem Zeugnis vermerkt wurde, außerdem: ›Die Schrift ist unleserlich!‹

Mein Vater, der Pfarrer und Kirchenrat war, wurde vorzeitig pensioniert, er gehörte der Bekennenden Kirche an. Wir zogen nach Kassel, und ich wurde in eine reine Mädchenschule, das städtische Oberlyzeum, geschickt. Meine Mitschülerinnen besaßen bereits Tanzstundenreife, waren BDM-Führerinnen, und ich war weiterhin zu jung, kam vom Lande, war nicht im BDM. Mit 15 hatte ich eine mittlere Reife erlangt, schrieb zur Abschiedsfeier ein Theaterstück, das in der Aula aufgeführt wurde. Damit schien meine schulische Laufbahn beendet zu sein. Was hatte ich vor? Was hatten meine Eltern mit mir vor? Was das Leben? Der einzige, der das wußte, war der Führer, er erließ einen entsprechenden Befehl. Ich hatte das ›Pflichtjahr für deutsche Mädchen‹ in einem kinderreichen Haushalt abzuleisten, eine Art von Zivildienst. Und als ich das hinter mich gebracht hatte, wußte er wieder, was für mich gut war: Kriegseinsatz. Von 1939 bis 1942 arbeitete ich als ›besonders beauftragte Person‹ in der Geheimregistratur eines Generalkommandos. Inzwischen war ich über zwanzig. Ich beantragte meine Freistellung zum Studium, dazu mußte ich zunächst eine höhere Reife erwerben. Ich kehrte zurück zu jenem Oberlyzeum, das aber inzwischen Jacob-Grimm-Schule hieß. Meine Freunde, alle in feldgrauen Uniformen, holten mich am ersten Schultag ab. Mit einer großen Schultüte!

In raschen Sprüngen habe ich die drei Jahre Oberstufe bewältigt. Bewältigt? Das klingt zu großartig. Der Direktor der Schule war großzügig, ließ mich alle paar Monate eine Klasse überspringen. Dort war ich ein Fremdkörper, war zu alt und auch zu lebenserfahren, trug keine Uniform. Mit dem Abitur wurde es wieder nichts! Ein Luftangriff zerstörte mein Elternhaus, die Schule, die ganze Stadt. Ich geriet in den nächsten Kriegseinsatz, diesmal als Zweitköchin in einem Kurort im Vogelsberg, ›Kaiserhof‹ hieß das Hotel, eine evakuierte Schule aus Wilhelmshaven war darin untergebracht. Eines Tages bekam ich die Nachricht, daß ich in Fulda als Externe die Reifeprüfung ablegen könnte. In welchen Fächern hat man mich geprüft? Ich weiß es nicht, mit Sicherheit in Vererbungslehre. Wie hieß das Gymnasium? An welchem Tag? Auch das weiß ich nicht, Januar 1944. Am Abend stand ich wieder in der Großküche.

Inzwischen wußte ich, daß ich Architektur studieren wollte, aber: die Technischen Hochschulen waren für Mädchen gesperrt. Ich fing eine Ausbildung als Bibliothekarin an, ein halbes Jahr ging das gut, dann wurde ich in ein Flugzeugwerk in Halle/Saale, das nicht mehr produzierte, eingezogen; ich arbeitete als Gehalts- und Lohnrechnerin. Rechnen hatte ich ja gelernt.

Ich habe es auf dreizehn erlernte oder ausgeübte Berufe gebracht, ich habe auch ein Diplomexamen abgelegt und einiges studiert. Der vierzehnte Beruf war dann der einer haupt- und freiberuflichen Schriftstellerin, darüber war ich 32 Jahre alt geworden.

Kein aufregender erster Schultag. Kein festlicher letzter Schultag. Kein Schulgebäude, vor dem ich – glaubwürdig – versichern könnte: Hier bin ich zur Schule gegangen! Die Schulen tragen andere Namen, stehen an anderen Plätzen. Aus Gründen der Papierersparnis hat mein Reife-Zeugnis nur das Format DIN A5.

Diese ganze Schulzeit: DIN A5. (1985)

Kinder des ›Dritten Reiches‹

Meine Familie hatte sich in Marburg zusammengefunden; ich war im Oktober '45 als letzte eingetroffen; was ich besaß, hatte in einem einzigen Koffer Platz. Ich verdiente mir meinen Lebensunterhalt mit Nähen: Kindermäntel aus gewendeten Soldatenröcken. Ich hatte zu Weihnachten für den, den ich liebte, der schwerkriegsbeschädigt war, der aus der russisch besetzten Zone angereist kam, einen Pullover aus nicht mehr verwendeten grauen Kniewärmern der Wehrmacht gestrickt. Hindenburglichter zur Weihnachtsbeleuchtung. ›Only for army dogs‹ stand auf der Büchse Fleisch, die ich beschafft hatte; was für amerikanische Hunde gut war, mußte auch für uns genügen. Eine Sonderzuteilung an Weizenmehl und Zucker, aber auch an Freiheit: Die Ausgangssperre war auf 2 Uhr 30 in der Heiligen Nacht verschoben.

Meine Mutter, die nach einem Herzinfarkt wochenlang mit siebzehn anderen Patientinnen in einem Krankensaal lag, durfte für einige Tage ›nach Hause‹ kommen, in dieses möblierte Zimmer, das nicht heizbar war, in dem Mahagonimöbel und Plüschsessel standen, mehr zum Schonen als zum Wohnen geeignet. Wir machten uns unsichtbar; trotzdem schlug die Sicherung durch, wenn wir auf den Heizspiralen des Elektro-Ofens ein wenig kochten.

Aber: sie schossen nicht mehr! Auch dieser Satz stammt nicht von mir. Joachim Quint, siebenjährig, Mosche genannt, das älteste der Flüchtlingskinder aus Poenichen, sagt immer wieder: »Sie schießen nicht mehr, Mama!« Es fielen keine Bomben mehr. Es wurde nicht mehr auf Eisenbahnzüge geschossen. Keine Tiefflieger...

Alles war neu, war aufregend. Als hätte ich bis dahin nichts oder doch nur das Falsche gelernt und gelesen. Aber das ließ sich nachholen. Die Bücherschränke waren gefüllt, man konnte Bücher ausleihen, alles konnte man ausleihen: Kleider und Schuhe.

Wir werden am Heiligen Abend zur Christvesper in die überfüllte Universitätskirche gegangen sein, wo die Michaelsbrüder ihre festlichen liturgischen Gottesdienste feierten. Habe ich damals den Gruß der Engel zum ersten Mal gehört? »Denn er hat seinen Engeln befohlen, über dir zu wachen bei Tag und Nacht.« Oder hat der Pfarrer über einen Text aus der Offenbarung des Johannes gesprochen? »Siehe da, die Hütte Gottes bei den Menschen! Und er wird bei ihnen wohnen, und sie werden sein Volk sein, und er selbst, Gott, wird mit ihnen sein; und Gott wird abwischen alle Tränen von ihren Augen, und der Tod wird nicht mehr sein, noch Leid noch Geschrei noch Schmerz wird mehr sein . . .« War ich es, die das hörte? War es diese Maximiliane, die dachte: Warum erst in einer künftigen Stadt? Worauf wartet er noch? Er wird abwischen alle Tränen . . . Sie hatte Poenichen verloren, ihre Heimat im Osten; ich hatte weniger verloren, ein zerstörtes Elternhaus, was zählte das schon?

Sicher bin ich, daß wir am Ende dieses Gottesdienstes, wie im Krieg, stehend »Verleih uns Frieden gnädiglich, Herr Gott, zu unsern Zeiten« gesungen haben. Waren jetzt ›unsere Zeiten‹ angebrochen? Wann und warum haben wir eigentlich aufgehört, diesen Choral zu singen? Rückblickend scheint mir, als wären wir Weihnachten '45 dem ›Frieden auf Erden‹ näher gewesen als je zuvor und je danach. Noch wußten wir nicht, ob wir – wie ein Soldatenrock – zu wenden und weiterzuverwerten waren. Die großen Abrechnungen standen noch aus. Wir saßen unter Kanzeln, Kathedern und Bühnen und hörten aufmerksam die neuen Verkündigungen, wir: altgewordene, notreife Kinder des ›Dritten Reiches‹ mit dem großen Nachholbedarf an Jung-sein und Lebensfreude und dem untergründigen Gefühl – das man uns später radikal ausgetrieben hat –, auch an uns sei etwas wiedergutzumachen.

Wir werden in der Weihnachtsnacht getanzt haben, wir nahmen jede Gelegenheit zu tanzen wahr. In Marburg gab es ja alles noch, Parkettböden und Grammophone und sogar Jazz-Platten. Vermutlich habe ich damals das Lied von Makkie Messer aus der ›Dreigroschenoper‹ zum ersten Mal gehört, schwankend zwischen Entrüstung und Vergnügen. Immer noch war ich, trotz fünf Jahren Kriegseinsatz, eine wohlbehütete Pfarrerstochter vom Lande. Bing Crosby sang auf dem Sender AFN ›Dreaming of a white Christmas‹. Nescafé und Camel-Zigaretten! Im Haus jenes Professors wohnte eine junge Adelige im besten Zimmer mit separatem Eingang, dort gingen gesunde junge amerikanische Soldaten ein und aus. Keiner sah etwas, keiner hörte etwas, sondern wir aßen, was sie uns großzügig zukommen ließ ...

An den Hauswänden stand ›Death is so permanent‹. Vermutlich wußten die Amerikaner – an enge Durchfahrten und Altstadtgassen nicht gewöhnt – nicht, wie dieser Satz auf die Deutschen wirkte, sie wußten vieles nicht, und wir wußten vieles nicht. Wer Zigarettenkippen wegwirft, weiß nicht, wie denen zumute ist, die sich danach bücken. Und wie hätten wir ahnen sollen, daß wir das Wegwerfen so rasch lernen würden? Noch war nicht geklärt, ob die Sieger unsere Befreier waren. Freund oder Feind? Die einfachsten Fragen mußten noch diskutiert werden.

Wir hatten die Hölle des Krieges und das Inferno des Kriegsendes überlebt. Ich vermute, daß ich damals davon überzeugt war, daß nun, wie bei Dante, das Paradies folgen würde, das Frieden hieß. (1985)

Carl mit C

›Dein Vater C. Emde‹ schrieb er unter die Briefe an seine Töchter; ›Dein Bruder C. Emde‹ an seine zahlreichen Geschwister; an seine sehr geliebte Frau schrieb er ›Dein Dich liebender Mann C. Emde‹. Unter allen Briefen stand die genaue Bezeichnung der Bindung: Bruder, Vater, Schwager, Freund; nur selten ein Beiwort: treu oder liebend oder geduldig, aber auch besorgt, doch, ich erinnere mich, es stand wohl auch einmal ›Dein besorgter Vater C. Emde‹ unter einem Brief. Keiner seiner Briefe ist erhalten, er starb Anfang des Krieges, mein Elternhaus wurde bei einem Luftangriff zerstört.

Im Herbst 1945 machte ich mich aus der russisch besetzten Zone Deutschlands auf den Weg in den Westen, weitgehend zu Fuß. Ich lebte dann eine Weile in Marburg an der Lahn. Auf einer Hamsterfahrt ins Waldecksche, wo ich herstamme, wo meine Eltern ein Pfarramt innehatten, lernte ich in einem überfüllten Eisenbahnabteil zwei ältere Damen kennen. Wir machten uns miteinander bekannt, das tun alle Waldecker. Sie hörten meinen Namen, der in Waldeck häufig vorkommt, hörten den Beruf meines Vaters, blickten einander an, blickten mich an und sagten: Er ist es! Sie hatten meinen Vater gekannt, als er in Marburg Theologie studierte, beide hatten mit ihm getanzt, beide hatten sich in ihn verliebt. Aber: Er war ein Student, hatte noch nicht seiner Militärpflicht genügt; wann würde er ein eigenes Pfarramt bekommen und eine Familie gründen können? Heiteres, schmerzliches Erinnern. Und jetzt saß den beiden alten Schwestern, die unverheiratet geblieben waren, seine Tochter gegenüber. Sommersprossen! sagten sie beglückt. Und gerade die Sommersprossen, die von ihm stammten, hatten ihn immer bekümmert; ich berichtete es lachend.

Am Ende der Bahnfahrt wurde ich zu einem Besuch eingeladen, und einige Wochen später reiste ich nach Korbach. Ich kam in eine Wohnung, in der es alles gab. Von allem zuviel, würde ich heute sagen, aber damals war ich überwältigt. Möbel, Teppiche, Porzellan, Bilder, Kissen und Decken und eine Silberkanne mit Bohnenkaffee. Eine Schokoladentorte! Die Einladung galt bis zum Abendbrot, gar nicht abzusehen, was man der Tochter Emde noch alles anbieten würde.

Das erste, was mein Mißtrauen weckte, war der Kneifer. Ich erhob Einspruch: Keine Brille, sagte ich, er hat bis zu seinem Tod keine Brille getragen, obwohl er doch soviel studiert hat. Beide erinnerten sich, er war ein strebsamer Student. Der Kneifer ging im weiteren Gespräch verloren.

Die beiden alten Fräulein blickten sich an und erinnerten sich an sein Bäuchlein. Trotz der Schokoladentorte sagte ich, zur Wahrhaftigkeit erzogen: Nein! Kein Bauch. Niemals. Mein Vater war groß und schlank! Die beiden lächelten, sie wußten es besser, schließlich war ich ja noch ein halbes Kind gewesen, als ich den Vater verloren hatte. Der Krieg. Die Luftangriffe. Man hatte den Feuerschein gesehen, als Kassel in einer einzigen Nacht zerstört wurde. Der traurigen Erinnerung wegen wurde mir ein Likör aus schwarzen Johannisbeeren angeboten, den die Damen selbst angesetzt hatten. Ich erinnerte mich, daß auch meine Mutter – aber meine Mutter fand wenig Interesse. Eine schwarzhaarige Tochter, wo er doch blond gewesen war. Rötlich, darauf bestand die eine; die andere widersprach, aber ich bestätigte: Der Bart war ein wenig rötlich. Ein Bart? Hatte er sich einen Bart stehen lassen? Einen Schnurrbart etwa? Ja, sagte ich, und auch einen Backenbart.

Inzwischen war mir klargeworden, daß es sich nicht um meinen Vater handeln konnte. Aber noch war die Schokoladentorte nicht aufgegessen, und in der Küche stand mein Abendbrot.

Das ›K‹, mit dem er so schwungvoll seine Briefe unterschrieb! Karl! Bei diesem ›K‹ hat die Erziehung meiner Eltern über die Aussicht auf ein Abendessen gesiegt. Karl mit K, das ging zu weit, ich sagte: Nein! Carl mit C. Kein Kneifer. Kein Bauch. Aber ein Bart.

Und dann saßen wir da, sahen uns betreten an, meine Anwesenheit war durch nichts gerechtfertigt, ich war nur noch eine hungrige Studentin aus Marburg, die zufällig Emde hieß und zufällig aus Waldeck stammte.

Wer hat angefangen zu lachen? Wir haben noch ein Gläschen Johannisbeerlikör auf ›Carl mit C‹ getrunken, und dann bin ich nach Marburg zurückgefahren. Vor oder nach dem Abendbrot? (1986)

Not lehrt schreiben

Das Jahr 1921, der Weltkrieg hinter der Tür und die Inflation vor der Tür; meine Mutter eine Vierzigerin und von geringer Gesundheit, mein Vater Mitte Fünfzig. Was für ein Wagnis – die Anschaffung eines Kindes! Eine Pfarrerstochter vom Lande, oft darum verlacht und oft mißachtet. Ich hatte nicht nur sonntags auf immer demselben Platz in der Kirche zu sitzen, sondern auch viele Pflichten in der Gemeinde auszuüben; ich sammelte für Innere und Äußere Mission, ich trug den ›Heimatgruß‹ von Haus zu Haus, brachte Suppen zu den Kranken, spielte im Krippenspiel mit, ging zu allen Tauf- und Hochzeitsessen. Nebenher besuchte ich die Dorfschule, dann eine Mädchenschule in Arolsen und knickste, wenn die fürstliche Kutsche durch die Schloßstraße fuhr. Ich kam ins Gymnasium, in dem eine SA-Führerschule untergebracht war, und hob den Arm zum Deutschen Gruß, wenn ich an der Wache vorüberging. Dann wurde mein Vater pensioniert, und ich besuchte das Oberlyzeum in Kassel, erwarb eine mittlere Reife, die mich berechtigte, ›das Pflichtjahr für deutsche Mädchen‹ in einem kinderreichen Haushalt abzuleisten. Bevor ich noch wußte, welchen Beruf ich einmal erlernen wollte, hatte der Staat bereits in Form von Führerbefehlen über meinen Werdegang entschieden.

Kriegsausbruch. Ich wurde zu einem Generalkommando der Wehrmacht dienstverpflichtet. Mit 17 Jahren eine ›besonders beauftragte Person‹, die in einer Geheimregistratur arbeitete. Mitten im Krieg machte ich, nebenher, meine Reifeprüfung, die mich berechtigte, in einer Hotelküche als Zweitköchin zu arbeiten. Ich versuchte, Bibliothekarin zu werden, stand aber nach einem halben Jahr bereits wieder in den Fabrikhallen eines Flugzeugwerkes in Halle an der Saale, als Arbeiterin unter Strafgefangenen, später als Gehalts- und Lohnrechnerin. Ich lernte zu wollen, was ich mußte; Anpassung, wo Widerstand unmöglich war oder doch schien. Der Krieg hatte ein Ende, mein Vater war tot, mein Elternhaus zerstört; ich verdiente mir meinen Lebensunterhalt durch Nähen: Kindermäntel aus Soldatenröcken. 1946 legte ich in Stuttgart ein Examen als Diplom-Bibliothekarin ab, mit dem ich dann für zwei Semester Leiterin der Mensa academica in Marburg a.d. Lahn wurde, in dem Hungerjahr 1946/47. Ich arbeitete als wissenschaftliche Mitarbeiterin am Kunstinstitut in Marburg, studierte nebenher, wurde Redakteurin einer Frauenzeitschrift in Nürnberg. Was ich gelernt hatte, übte ich nie aus. Was ich ausübte, hatte ich nie gelernt. Dreizehn sehr verschiedenartige Tätigkeiten. Lebenserfahrung und Milieukenntnisse.

Von klein auf schrieb ich, aber natürlich nebenher. Mein Vater war ein Schreibtischpfarrer: Predigten, theologische Schriften, auch Heiter-Heimatliches, Lebenserinnerungen. Einer meiner Urgroßväter war ein Dichter gewesen, mit dem Beiwort Heimat-Dichter, August Trostbach, den Thüringern wohlbekannt, Hofprediger in Waltershausen; nebenher schrieb er. In seiner Versdichtung ›Des Dichters Bergfahrt‹ steht: ›Denken giebt dem Menschen Würde / Thatkraft adelt dich gar bald / Und ein Herz voll edler Triebe / Schafft dir fürstliche Gewalt.‹ Ein Vers, der in meinem Elternhaus oft zitiert wurde.

Als Fünfzehnjährige verfaßte ich ein Theaterstück, das bei einer Schulentlassungsfeier aufgeführt wurde; später schrieb ich Gedichte und kleine Stücke für Betriebsfeiern, Kameradschaftsabende, Familienfeste. Nicht aus Bedürfnis, sondern weil es mir leichtfiel. Als Kunsthistorikerin schrieb ich Geschichten zu berühmten Kunstwerken; es brachte dem Forschungsinstitut, das nach der Währungsreform keine staatlichen Zuschüsse mehr bekam, Honorare ein. Als Redakteurin schrieb ich über Säuglingsernährung, Mode, Reisen, Frauenfragen, weil der Verlag kein Geld für Autorenhonorare besaß. ›Not lehrt schreiben‹ habe ich das einmal genannt, in Abwandlung des Satzes von Ernst Bloch ›Not lehrt denken‹. Als 1954 ein großer Verlag einen Romanwettbewerb ausschrieb, beteiligte ich mich, weil ich damals krank war und keinen ›richtigen Beruf‹ ausüben konnte. Ich erhielt den ersten Preis. Der Roman ›Ehe die Spuren verwehen‹, der in mehrere Sprachen übersetzt wurde, ist noch heute mein erfolgreichstes Buch. Über Nacht hatte ich meinen Beruf gefunden, aber im Grunde hatte der Beruf mich gefunden.

In meinem Roman ›Das glückliche Buch der a. p.‹ heißt es von dem Helden, daß er nicht nur ein Lebender, sondern immer und überall ein ›Überlebender‹ sei. Jener Held, der ein Nicht-Held ist, überlebte seine eigene Erschießung. Auf nicht erklärbare Weise trägt jedes Buch den Keim zum nächsten bereits in sich. Ich sah mich um und machte eine überraschende und auch erschreckende Entdeckung: Rund um mich lebten lauter Überlebende, und auch ich selbst eine Überlebende, eine, die Bombenangriffe überlebt hat, Tieffliegerangriffe, einen schweren Autounfall; eine, die Tod und Trennung von denen, die sie liebt: überlebt. Was ist das für eine Kraft, die den Menschen überleben läßt? Es muß die gleiche Kraft sein, die den Pflaumenbaum blühen läßt, woran niemand ihn hindern kann, es sei denn, er fällte ihn.

Oft werde ich gefragt: Warum schreiben Sie? Warum nicht gleich: Warum leben Sie? Warum stehen Sie an jedem Morgen auf? Warum setzen Sie sich an jedem Morgen an den Schreibtisch, warum schreiben Sie überhaupt? Die Übereinstimmung zwischen Leben und Schreiben hat sich erst spät eingestellt. Zuerst die Lebenserfahrung, dann die Schreiberfahrung. Leben gleich Einatmen, Schreiben gleich Ausatmen.

Ich schreibe nicht mehr ›nebenher‹, aber ich lebe auch nicht nebenher. Täglich mehrfacher Rollenwechsel. Die Frau des Schriftstellers Otto Heinrich Kühner, die Gärtnerin, die

Gastgeberin, alle die zwölf Tätigkeiten einer Hausfrau. Aber für Stunden nichts anderes als eine Schriftstellerin, selbständig und unabhängig. Erfinder, Hersteller, Agent, Buchhalter und Steuersachverständiger in einer Person. Fiction und Non-Fiction, Romane, aber auch Reportagen, Hörspiel, Schauspiel, Feuilleton und seit kurzem auch Kinder- und Bilderbücher.

Schreiben, das bedeutet für mich: für jemanden schreiben. Ich verliere den Leser nur selten aus den Augen. Jenes ›lieber Leser‹, ›geneigter Leser‹, mit dem ein Schriftsteller früher um Aufmerksamkeit bat, über das man sich später, noch heute, lustig machte, gefällt mir. Dieser Leser opfert meinen Gedankengängen Zeit, und Lesezeit ist doch immer Lebenszeit; beides steht nur begrenzt zur Verfügung.

Schriftsteller und Leser sind Partner, einer kann ohne den anderen nicht leben. Darum also: Lieber Leser! Geneigter Leser! (1974)

Mein erstes Buch

Es war einmal ein großer Verlag, der veranstaltete einen Romanwettbewerb, und da viele Schriftsteller des Landes ungedruckte Manuskripte in ihren Schubladen liegen hatten, gingen viele, viele Romane ein. Damit aber alle, die bekannten und die unbekannten Schriftsteller, die gleichen Chancen hätten, fand der Wettbewerb anonym statt. Die Wahl der fünf weisen Kritiker fiel auf einen Roman, in dem der Ich-Erzähler, ein 50jähriger Sparkassendirektor, berichtet, wie er mit seinem Auto eine junge schöne Frau überfahren und getötet hat, schuldlos schuldig wird und nun den Spuren nachgeht, die diese geheimnisvolle Tote hinterlassen hat . . .

Das Märchen geht dann so weiter: Der Verleger und der Cheflektor des großen Verlags machen mit Hilfe der Polizei die Adresse der überraschenderweise weiblichen und jungen Autorin ausfindig und stehen am 2. Mai 1954 im Halbdunkel vor der Wohnungstür eines Düsseldorfer Mietshauses. Eine junge Frau, angetan mit der Strickjacke ihres Mannes und eben dabei, die handgesäumten Gardinen in der neuen Wohnung aufzuhängen, öffnet. Sie wird gefragt, ob sie Frau Brückner sei, und sie sagt ja, aber ich kaufe keinen Staubsauger! Die Herren enthüllen den großen Strauß aus Tulpen und Narzissen, Blumen, die in dem Roman, dessen tote Heldin eine Gärtnerin ist, von Bedeutung sind, und verkünden: Sie haben den ersten Preis gewonnen! Und da die junge Frau nun sehr verwirrt ist, fällt ihr der Titel ihres Romans nicht ein, und man muß rasch einen neuen finden. ›Ehe die Spuren verwehen‹! Man fotografiert, man setzt Pressemeldungen auf. ›Polizei macht Preisträgerin ausfindig.‹

Auch Märchen haben ihre Vorgeschichte. Ich bin in einem Pfarrhaus aufgewachsen; nicht immer hatte jemand Zeit, mir vorzulesen, was ich vorgelesen haben wollte, also bat man den Lehrer der einklassigen Dorfschule, ob ich nicht auf der letzten Bank sitzen dürfte. So kam ich zur Schule, knapp fünf Jahre alt. Ich lernte lesen; natürlich auch schreiben, aber wichtiger für die nächsten Jahrzehnte war das Lesen. Ich wechselte die Schulen, wechselte den Wohnort, verließ, 15jährig, mit ›mittlerer Reife‹ das Lyzeum; von diesem Zeitpunkt an lenkte der Staat mit ›Führerbefehlen‹ mein Leben, von eigenen Berufswünschen war nicht mehr die Rede. Aber ich machte nebenher mein Abitur, studierte ein wenig nebenher und erwarb jene Lebenserfahrungen und Milieukenntnisse, für die man mich später gelobt hat. Fabrik, Büro, Großküche. Es ging auch nach Kriegsende nicht zielstrebig weiter. Diplomexamen als Bibliothekarin in Stuttgart, dann Mensa-Leiterin in Marburg, dann ein verarmtes Kunstinstitut, dann Redakteurin einer verarmten Frauenzeitschrift in Nürnberg, wo ich lernte, das zu schreiben, was gerade gebraucht wurde: Leitartikel und Geschichten aus der Kinderstube. Als ich mich dort ausgebeutet und schlecht behandelt fühlte, nahm ich meinen Koffer und zog zu meinem Mann nach Krefeld, der dort, schwerkriegsbeschädigt, an der Kunstschule als Assistent arbeitete, für 100 Mark im Monat. Wir wohnten zeit- und leihweise in der Wohnung von Freunden, ich schrieb, was mir so einfiel, manchmal wurde es gedruckt, und ich erhielt Honorare in Höhe von sieben oder zwölf Mark. Wir lebten von dem, was wir nicht brauchten. Dann kam dieser Romanwettbewerb, und ich dachte: versuch es! Ich schrieb rasch und mit Begeisterung mein erstes Buch, am 31. Dezember 1953 lieferte ich es eingeschrieben unterm Stichwort ›Spuren‹ in Marburg am Postamt ab. Woher ich das Thema hatte, weiß ich nicht mehr, nur daß es nicht von außen, sondern von innen kam. Wir zogen von Krefeld nach Düsseldorf, holten meine kranke alte Mutter zu uns, und bevor ich mich nach irgendeiner Tätigkeit hätte umsehen können, wurde ich eine Hausfrau, die einen preisgekrönten Roman geschrieben hatte. Von meinen 13 erlernten oder ausgeübten Berufen war nicht mehr die Rede.

Es war ein Glücksfall für uns! Aber auch für den Verlag. Er hatte, was er für die Werbung brauchte: ein junges, unbekanntes weibliches Talent. Ich tat, was man von mir erwartete, unterschrieb einen Pauschalvertrag, trat im Fernsehen auf, gab Interviews, fuhr zu Tagungen, benahm mich wie eine Miss Literatur und strahlte, wie man es erwartete. Wir kauften ein kleines Haus am Stadtrand, wir kauften ein kleines Kabriolett. Die Wogen glätteten sich bald.

Ich wurde eine ungelernte Schriftstellerin, schrieb einen ›typischen zweiten Roman‹, der wenig Erfolg hatte. Ich versuchte mich am Hörspiel, das taten damals alle, meine Hörspiele wurden gesendet, aber wenig beachtet.

Ich legte ein Buch an, in dem ich Einnahmen und Ausgaben eintrug, und schrieb ›Hauptbuch der c.b.‹ darauf; ich benutze es noch heute. Ich gab Steuererklärungen ab und blieb über Jahr und Tag jene junge Autorin, die ›Ehe die Spuren verwehen‹ geschrieben hatte. Ich galt als Erfolgsautorin, was auch damals keine literarische Auszeichnung war.

Als das berufliche Glück einsetzte, fing das persönliche Unglück an. Meine Ehe wurde geschieden, das Haus verkauft, ich wechselte den Verlag, ich wechselte wieder mal den Wohnort, nun aber mit einem Möbelwagen. Glück und Erfolg zusammen schien es nicht zu geben. Ich konnte, wenn ich meine Ansprüche nach meinen Einkünften richtete, als freie Schriftstellerin leben. Ich schrieb Reportagen, schrieb auch Kritiken und gab Anthologien heraus. Meine Erzählungen wurden im Abstand von zehn Jahren in Buchform veröffentlicht. (›Bella Vista‹, ›Überlebensgeschichten‹). Alle zwei Jahre wurde ein Roman fertig. ›Die Zeit danach‹, ›Letztes Jahr auf Ischia‹, ›Der Kokon‹ . . .

Und jetzt muß ich noch einmal auf dieses Jahr 1954 zurückgreifen. Auf einer Tagung hatte ich in Bad Godesberg einen gleichaltrigen ›jungen Autor‹ kennengelernt, Otto

Heinrich Kühner, der gerade ›Nikolskoje‹ veröffentlicht hatte, Hörspiellektor und Hörspielautor war. Wir schrieben uns gelegentlich, wir sahen uns selten, aber es war ›etwas‹ zwischen uns, das ich damals mit ›unbeschreiblich‹ bezeichnet hätte, was ich dann aber später in dem ›Glücklichen Buch der a. p.‹ romanhaft beschrieben habe, als aus den Kollegen erst Freunde, dann Liebende und schließlich Eheleute geworden waren. Ein krisenfester Autorenverband! Außerdem die Erfahrung, daß Erfolg Glück nicht ausschließen muß. Aus der jungen Autorin wurde eine Autorin der mittleren Generation, das Beiwort ›erfahren‹ tauchte immer häufiger im Zusammenhang mit meinem Namen auf.

Inzwischen hatte ich auch ein Kinderbuch geschrieben und einen Roman für junge Leser (›Wie Sommer und Winter‹) veröffentlicht, aber da war auch noch meine Liebe zum Theater! Bisher ist es eine unerwiderte Liebe geblieben, noch gebe ich die Hoffnung nicht auf, eine Komödienschreiberin zu werden.

Ein Autounfall, bei dem wir beinahe ums Leben gekommen wären, brachte einen Einschnitt, 1972 war das. Vom Peters-Verlag kam eine Anfrage: »Vielleicht könnten Sie mit einem Bilderbuch wieder anfangen? Ich schicke Ihnen die Aquarelle einer Japanerin.« Damals, als ich schon wieder auf meinem schwarzen Sofa liegen konnte, schrieb ich den Text zu ›Momoko und der Vogel‹, und später noch mehrmals Texte zu Momoko-Büchern. Wichtiger aber war: Ich faßte den Plan zu einem großen Projekt. Ich lebte noch, ich wollte schreiben, etwas war anders geworden. Aus jenem Sommer stammt der Plan zu den ›Poenichen‹-Romanen. Drei Jahre später erschien der erste Teil: ›Jauche und Levkojen‹, zwei Jahre später der zweite Teil: ›Nirgendwo ist Poenichen‹. Ich war keine Heimatvertriebene, ich stammte nicht aus dem Osten, ich hatte mir ein Thema angeeignet, das mir nicht zustand, das bisher nur von den Betroffenen dargestellt worden war: die Vertreibung, eines der großen tragischen Themen unseres Jahrhunderts. Sorgfältiges Quellenstudium, starke innere Anteilnahme, die Möglichkeit, mich zu distanzieren, jener ironische Ton, den man dann als ›fontanisch‹ bezeichnet hat, und eine Portion Glück brachten mir ein zweites Mal Erfolg. Wieder war ich irritiert. Geld haben war in meinen Lebensplänen nicht vorgesehen. Plötzlich war ich jene Autorin, die die ›Poenichen‹-Bücher geschrieben hatte ...

Wir haben den Lebenszuschnitt nicht geändert, wir schreiben beide weiter über das, was uns wichtig ist. Ich schreibe Kolumnen für eine große Tageszeitung. Ich schrieb einen kleinen Roman, ›Das eine sein, das andere lieben‹, der im Frühjahr '81 erschien und wenig beachtet wurde, es ging mir dabei um die Angleichung der Geschlechter und der Generationen, Held(in) ist ein geheimnisvolles, zwielichtiges Wesen mit Namen Mario(n). Zusammen mit Kühner gab ich ein Reisebuch heraus: ›Erfahren und erwandert‹; seine Wanderungen in Lappland, Schottland, Island; meine Erfahrungen auf südlichen Inseln. Im Laufe der Jahre hat er mich den Norden, ich ihn den Süden gelehrt.

Vor wenigen Monaten erschien ›Mein schwarzes Sofa‹, ein Buch, in dem ich meine Erfahrungen und Pläne nicht mittelbar wie in anderen Büchern, sondern unmittelbar und unverschlüsselt weitergebe. In diesem Buch wird auch die oft gestellte Frage: Warum schreiben Sie überhaupt? beantwortet und die Frage: Wie leben denn zwei Schriftsteller miteinander?

Aus dem anfänglichen Schreiben-Können ist längst ein Schreiben-Müssen geworden. Tage, an denen ich keine Zeile geschrieben habe, scheinen mir verlorene Tage zu sein, sie sind selten. Briefe, meine morgendlichen Fingerübungen, schreibe ich auch dann noch, wenn ich nicht schreibe ...

Die Frage nach dem ersten Buch war leicht zu beantworten. Aber wenn man mich fragen würde: Welches wird Ihr letztes Buch sein? Vielleicht eine Komödie mit tödlichem Ausgang. (1982)

Mein Dorf 1963

Ich steige im Gasthof ab wie andere Fremde, beziehe ein Zimmer mit Heizung und warmem und kaltem Wasser, aber die Wirtin sagt du zu mir, wie alle im Dorf, und ich esse mit in der Küche und nicht in der Wirtsstube, wo ein paar Wochenendgäste sitzen

Mein kleines Dorf liegt im Tal, Wälder umgeben es, nur nach Osten hin geht der Blick weit ins hessische Land, ein Bach fließt mitten durchs Dorf. Aber auf der Bundesstraße, die man dringend um das Dorf herumführen müßte, ist der Verkehr so dicht, daß man sie nur in großen Sprüngen überqueren kann. Vorm Dorfeingang stehen Warnschilder: zwei gefährliche Kurven! Schalten! Alle Fernfahrer kennen mein Dorf, es hat eine eigene hohe Unfallstatistik. Diese beiden herrlichen Kurven! Dort sind wir gerodelt, in Viererzügen, bis der Gendarm uns verjagt hat und wir die nächste Straße blankrodelten. Dieselbe Straße, auf die ich als Elfjährige mit Schlämmkreide gemalt habe: Wählt Liste 1. Das erste (und einzige) Mal, daß ich mich politisch betätigte.

Der Bahnhof ist sechs Kilometer entfernt und nur mit dem Bus fünfmal täglich zu erreichen. Aber die vierhundertfünfzig Einwohner haben vierzig oder auch mehr Autos. Der Prozentsatz ist höher als in der Stadt. Dennoch ist es kein reiches Dorf mit großen Höfen. Fünfzig Morgen, achtzig, kaum einer über hundert, aber viele, die weniger Morgen haben; das sind die Nebenerwerbsbauern, wie man das heute nennt. Man rechnet nach Morgen. Was für ein schönes Flächenmaß! Nie werde ich behalten, was ein Ar ist, was ein Hektar, aber das weiß ich: Ein Morgen ist das Stück Land, das ein Bauer an einem ›Morgen‹, einem Vormittag pflügen kann.

Es gibt hier noch Bauern, die lieber mit Pferden umgehen als mit dem Trecker. Auf seine bedächtige Weise ist es trotzdem ein fortschrittliches Dorf. Ein Kuhgespann ist selten zu sehen. Längst hat man auch hier erkannt, daß nur mit dem Stall Geld zu verdienen ist. Korn und Kartoffeln bringen nichts, beides verfüttert man besser. Man rechnet mir vor: Um einen Binder für die Getreideernte zu kaufen, brauchte man früher hundert Zentner Korn, heute braucht man zweihundertfünfzig. So übersetzt man sich hier die Schwierigkeiten, vor denen Brüssel und Bonn stehen.

Im vergangenen Herbst hat sich ein Bauer eine Wundermaschine beim Raiffeisenverband ausgeliehen. In zwei Tagen schaffte sie die Kartoffelernte allein. Sie konnte alles auf einmal: roden, auflesen, sortieren, ich glaube auch eggen. Sie sortierte das Kraut für sich, die großen Kartoffeln von den kleinen Kartoffeln. Die großen Steine allerdings tat sie gewissenhaft zu den großen Kartoffeln, die kleinen zu den kleinen Kartoffeln. Aber die Anschaffung einer so komplizierten und kostspieligen Maschine rentiert sich nicht. In zehn, höchstens vierzehn Tagen muß man im ganzen Dorf mit der Kartoffelernte fertig sein – selbst wenn sich fünf Bauern in die Nutzung teilten, lohnt es sich nicht, und dann regnet es beim einen, beim anderen scheint die Sonne, beim dritten geht die Maschine kaputt.

Man kann sich auch nicht, wie man das in Kanada tut, auf Korn, Rüben, auf Kartoffeln spezialisieren. Jedes Stück Feld hat anderen Boden, hier Lehm, dort Sand, dort mehr Ton, dort mehr Kalk. Wie soll man da Flurbereinigung betreiben, von der immerfort die Rede ist! Insgeheim betreibt man sie aber doch: durch Heirat.

Es sind nicht die schlechtesten Verbindungen, die zustande kommen, weil die Weiden im selben Tal liegen, die Äkker aneinandergrenzen. Man ist mehr denn je aufeinander angewiesen, seit es weder Knecht noch Magd gibt. Ich wüßte nicht, wo es solche Familienfreundschaften gibt wie auf dem Land. Man benutzt denselben Heuwender, hilft sich aus mit den Pferden, bei der Ernte, beim Dreschen. Die Arbeitslöhne der Landarbeiter, von denen wir so viel lesen, spielen kaum eine Rolle, weil es keine Landarbeiter gibt. Ein paar Kriegerwitwen, die sich während der Erntezeit etwas zur Rente dazuverdienen, aber auch das geschieht mehr aus Gefälligkeit: sie haben ein Stück Land, das der Bauer, dem sie aushelfen, im Herbst mit unter den Pflug nimmt.

Mitten im Dorf ist das Raiffeisenlager, der Umschlagplatz für Kunstdünger, Kohlen, Korn und hundert andere Sachen. Es hat im vergangenen Jahr einen Umsatz von zwei Millionen gemacht. Vielleicht kann man aus dieser Zahl mehr herauslesen, als ich es tue. Ich sehe nur, daß in den Ställen, in denen ich als Kind beim Füttern geholfen habe, heute nicht mehr fünf, sondern zwölf Milchkühe stehen. Im Schweinestall ist es noch auffälliger. Mehr Kälber, mehr Rinder: Man verkauft an den Viehhändler, zwei gibt es bereits im Dorf; früher kam der Jude aus der benachbarten Stadt. Das Bargeld ist nicht mehr so knapp, wie es früher, vor allem vor der Ernte, war. Man nimmt rascher und mehr ein, gibt rascher und mehr aus.

Fast in jedem Kuhstall hat man heute eine elektrische Melkmaschine, die braucht man zweimal am Tag, das rentiert sich. In manchen Ställen geht die Milchleitung gleich bis in die Kühlkammer; aber noch immer müssen die schweren Kannen auf den Handwagen oder den Trecker gehoben und zur Sammelstelle gefahren werden, wo das Milchauto sie abholt und zur Molkerei bringt. Es gibt auch schon Silos für das Futter, aber im letzten Winter mußte man sie aufhacken und auftauen und hatte mehr Arbeit, als wenn man täglich frisch im Futterkessel gekocht hätte. In den meisten Küchen steht ein Herd mit Propangas, den man im Sommer benutzt, wenn man rasch wieder aufs Feld muß; es gibt elektrische Waschmaschinen, es gibt auch Kühlschränke, und vor allem gibt es ein Gefrierhaus mitten im Dorf, in dem man sein Fach für das Frischfleisch hat, für Gemüse und Obst.

In den letzten Jahren ist ein ganz neues Viertel entstanden, das Hypothekenviertel nennen es die, die noch kein neues Haus haben. Spitzgieblige Einfamilienhäuser, mit Wintergarten und Veranda und einem Anbau für das Vieh. Am Dorfrand fallen ein paar neue große Aussiedlerhöfe ins Auge, sie stehen kahl auf freiem Feld, kein Baum und kein Strauch rundum, es fehlen die Gärten, doch auch das wird kommen, eins nach dem anderen. Man ist bedächtig, auch wenn es um Subventionen geht.

Aber früher sparte man, bevor man einen neuen Stall oder eine Scheune baute, heute nimmt man die großzügig gebotenen Vorteile wahr. Einnahmen wären besser, aber Darlehen sind besser als gar kein Geld. Überm Deelentor der alten Höfe steht auf dem Querbalken der Name des Bauern und seiner Ehefrau und das Jahr, in dem sie gebaut haben. ›Sie haben Gott vertraut und dies Haus gebaut‹ – so oder ähnlich buchstabieren es die Fremden, wenn sie durchs Dorf gehen. Die Aussiedler hätten den Balken mit dem alten Spruch auf den neuen Hof mitnehmen sollen. Aber sie hängen nicht sentimental am alten. Modern, so heißt das neue Zauberwort. Sie haben wohl auch weniger Gott und mehr dem Grünen Plan und der Hagel- und Feuerversicherung vertraut.

Auch die Nebenerwerbsbauern werden vom Gesetzgeber unterstützt, damit sie bleiben und nicht die ohnehin zu großen Städte vergrößern. Es sind Pendler, aber sie fahren nicht weit: In den Nachbardörfern gibt es ein paar mittlere Betriebe, Holzindustrie, ein Kabelwerk. Zu Hause haben sie ein Stück Wald, haben Feld und Wiese, alles nur für den eigenen Bedarf. Sie machen ein paar Schweine fett, nicht zu fett natürlich, man braucht viel Wurst und Schinken für die Brote zum Mitnehmen. Jetzt im März nehmen sie alle ein paar Tage Urlaub und gehen in den Wald, um Holz zu schlagen für den nächsten Winter. Abfahren tut es der Nachbar, dem sie beim Dreschen helfen, und dafür brauchen sie wieder ein paar Tage Urlaub. Noch meinen sie nicht, daß sie im Urlaub Ferien machen müßten; auf dem Land hat man immer zu tun.

Am Sonntagnachmittag trinke ich mit meiner allerersten Freundin Kaffee. Blitzblank ist es überall im Haus. Damit wir beide ungestört erzählen können, versorgt ihr Mann die Kühe, die Schwiegermutter füttert die Schweine. Sie trägt ein hübsches Kleid aus Diolen, hat Locken auf dem Kopf und sieht trotzdem aus wie eine Bäuerin, eine gesunde und heitere Frau. Gut geht es ihr, sie sagt es mehrmals, und ich sehe es ja auch. Nur eine Einschränkung macht sie: Man müßte dem Vieh mal ein Schlafmittel geben können, am Sonntagmorgen nach dem Füttern, daß man Ruhe hätte bis Montag früh. Das sind keine übertrieben hohen Ansprüche in einer Welt, die in Fünf-Tage- und Vierzig-Stunden-Wochen rechnet.

An Ferien und Reisen kann keiner denken. Höchstens, daß mal einer zu den Kindern fährt, die im Ruhrgebiet verheiratet sind. Dann packen sie den Koffer voll mit Geschlachtetem, tun ein Brot dazu und kommen bald wieder, erzählen, daß die Kinder es schön haben, alles sei so praktisch und bequem. Meist aber kommen die Kinder nach Hause, ins Dorf. Vorerst ist das selbstverständlich, daß man nicht weg kann, wenn so vieles an einem hängt. Aber man muß fürchten, daß sie unzufrieden werden. Daß sie als Last empfinden, was doch ihr Reichtum ist: zu wissen, wohin man gehört, Wurzeln zu haben.

Sie klagen, natürlich klagen die Bauern! Das haben sie mit den chinesischen Reisbauern gemeinsam, die stehen auch mitten in ihrem Reisfeld und klagen den Göttern ihr Elend. Je größer die Ernte, desto lauter die Klage, sie fürchten den Neid der Götter und wollen sie durch ihr Geschrei ablenken. Unsere Bauern werden andere Gründe haben. Sie richten ihre Klagen ja auch nicht an die Götter, sondern an die Leute in Bonn und Brüssel, und: recht haben sie!

Ein Feldweg heißt der Bergische Weg, er führt nach Nordwesten. Vor hundert Jahren schlugen ihn die Männer in jedem Herbst ein, wenn die Ernte zu Ende war. Sie gingen zu Fuß nach Barmen, nach Elberfeld und suchten Arbeit für den Winter. Zwei Tagesmärsche. Drei Autostunden heute. Ihre Frauen begleiteten sie bis an den Waldrand, man nahm Abschied unter der Buche, die die ›Weinebuche‹ heißt; sie steht noch immer, nicht mal ein Buchenalter ist das her!

Mancher ist dort in der Stadt geblieben. Seine Enkel und Urenkel kommen als Sommerfrischler und Jagdpächter zurück, parken den Wagen vorm Gasthof und gehen in den Wäldern spazieren, pflücken Heidelbeeren, suchen Pilze. Der größte Gasthof hat bereits fünfunddreißig Betten, und die sind den ganzen Sommer über belegt. Warum kommen die Fremden? Kommen jedes Jahr wieder? Es gibt keinen Fluß, keinen See, überhaupt keine Sehenswürdigkeiten. Die Berge sind nichts als Berge, Hochwald wechselt mit Tannenwald. Abends zieht das Rotwild auf, tags tuckert ein Trecker vom übernächsten Acker, der Kuckuck ruft unbekümmert dazwischen. Es ist nicht einmal ländlich still.

Früher gab es fünf Wirtschaften, heute nur noch zwei. Es wird nicht mehr so viel Schnaps getrunken wie früher, als die Leute ärmer waren. Aber es gibt auch nur noch einen Saal im Dorf, und der wird bald zu Fremdenzimmern ausgebaut werden. Man hat versucht, einmal in der Woche darin Kino zu machen, aber die Leute kamen nicht. Es gibt keine Veranstaltungen mehr, keine Gemeindeabende, keine Feste des Frauenvereins, wo man bei Kaffee und Streuselkuchen an langen Tischen saß und auf der Bühne von Jungmädchenbund und Turnverein Theater gespielt wurde. Dort habe ich mein Debüt gegeben als zehnjähriges Dornröschen. Mein Prinz von einst ist ein stattlicher Bauer mit einem großen Hof.

Die älteren Männer gehen wohl mal zum Skat in die Wirtschaft, aber die jungen Burschen setzen sich am Samstagabend ins Auto und nehmen ihr Mädchen mit. Mal sehen, wo was los ist! Ins nächste Dorf oder ins übernächste Dorf, die Nachtfahrt ist Vergnügen genug. In anderen Dörfern gibt es Spielautomaten, Musikautomaten. Frisch gebadet, den Anzug von C & A, den Haarschnitt nach der letzten Mode –

da kann man den jungen Mann aus dem Dorf nicht mehr von dem aus der Stadt unterscheiden.

An Festtagen tragen die Mädchen weiße Deux-pièces mit plissiertem Rock und bekommen von der kleinen Friseuse, die sonst in der Stadt arbeitet, am Abend noch die Haare gemacht und erscheinen mit toupierten Köpfen und schwanken auf den ungewohnten Stöckelabsätzen übers Pflaster. Sie bleiben übrigens alle im Dorf, auch die Jungen, die jetzt aus der Schule kommen. Sie kommen noch aus ihrer Schule, aber schon steht das Lehrerhaus leer, der Lehrer kommt mit dem Auto und fährt mittags zurück in die Stadt. Zweiundvierzig Schulkinder, das lohnt nicht mehr, außerdem ist das Lehrerhaus zu unmodern. Nur die unteren Klassen bleiben im Ort, die größeren Kinder werden mit einem Schulbus in eine Mittelpunktschule gefahren.

Der letzte Lehrer hat sich viel Mühe gegeben, Kultur ins Dorf zu bringen. Es gibt eine Gemeindebücherei mit fünfhundert Bänden. Er hat alles versucht, er hat die Kinder mit einem Netz voll Bücher von Haus zu Haus geschickt, er hat ihnen Ausleihprämien gegeben, erst einen Pfennig pro Buch, dann fünf Pfennig, aber sie wollen nicht lesen. Woran liegt es? Am Fernsehen? Die Antennen auf den Dächern lassen sich an einer Hand abzählen. So leicht ist das nicht zu erklären, am ehesten mit der vielen und zu vielen Arbeit. Vielleicht erfüllt das eigene Leben sie noch, sie brauchen nicht von fremden Leuten zu lesen. Im Dorf gibt es Schicksale genug.

Im vorigen Jahr wurde die Kirche aus Mitteln der Landeskirche und des Landeskonservators und Spenden aus der Gemeinde renoviert. Ländliches Barock, weiß, blau und gold. Es ist wie früher: Vorn sitzen die Frauen, hinten die Männer, auf der Empore die jungen Burschen. Wie früher, als mein Vater auf der Kanzel stand. Ein schwacher Dunggeruch zieht durchs Kirchenschiff, obwohl doch alle ihr Sonntagszeug tragen. Die Märzsonne scheint hell durch die Fenster, und die Frauen singen laut und deutlich und langsam: »Bis hierher hat mich Gott gebracht durch seine große Güte ...« Vielleicht wird auch die Pfarrstelle bald verwaist sein, das Dorf ist zu klein. Es wird im günstigsten Fall durch einen Diakon versorgt werden.

»Wo's Dörflein dort zu Ende geht, wo's Mühlenrad am Bach sich dreht« – aber es dreht sich nicht mehr. Ölmühle, Sägemühle, Kornmühle, alles steht still, die Ziegelei verfällt, der Betrieb lohnt nicht, und rentieren muß sich heute alles: der Stall, die Schreinerei, die Sägemühle, die Schule und die Kirche. Trotzdem bestimmen Regen und Sonnenschein immer noch den Tageslauf. Erst kommt das Vieh, dann kommt der Mensch. Wie eh und je. Der dümmste Bauer hat auch früher nicht die dicksten Kartoffeln gehabt. Heute muß er noch wendiger sein. Aber diese Wendigkeit muß auf dem Land mehr Bedacht haben als anderswo. Es gibt keine Spinnstubenidylle mehr, heißt es, aber auch das stimmt nicht. Sie sitzen am Winterabend zusammen, sie spinnen nicht, sie stricken statt dessen, es gibt Kaffee und Kuchen und sogar einen Likör für die Frauen, und für die Männer einen Korn. Die Männer kommen mit; das allerdings ist anders als früher, sie gehen weniger in die Wirtschaft. Man kann sich Kaffee und Kuchen leisten; als ich ein Kind war, konnten sie das nur zu den höchsten Festtagen.

Ein bißchen weniger Idylle, dafür ein bißchen mehr Fortschritt. Darüber wird doch keiner klagen wollen. (1963)

Meine kleine Stadt

Der Architekt Tessenow hat behauptet, man müsse in einer kleinen Stadt aufgewachsen sein, um einen richtigen Maßstab für die Proportionen des Lebens zu bekommen.

Aber: stimmen denn eigentlich die Proportionen heute noch in einer kleinen Stadt? Ist jede Kleinstadt ein ›Peyton Place‹, ein kleinbürgerliches Babylon, wie im zuviel gelesenen Roman der amerikanischen Lehrerin Grace Metalious, oder ist es ein ›Neu-Spuhl‹, so eine muffige Kleinstadt, wie sie Gerd Gaiser in seinem Roman vom ›Schlußball‹ erfunden hat, in der nichts zählt, nichts mehr von Wert ist, außer dem Geld? Oder ist eine Kleinstadt ein Freilichtmuseum mit mittelalterlichem Marktplatz und plätscherndem Brunnen, angestrahlter Burgruine, gotischer Kirche, alles wie aus dem Baukasten, Festspiele in historischen Kostümen, Reiseandenken, Tummelplatz für Heimatforscher, eigens aufgebaut für die Touristen aus Amerika, die mit ihren Straßenkreuzern die Romantische Straße oder die Weinstraße entlangfahren: alles ist so echt, alles so historisch, alles romantisch, alles deutsch, alles so very nice. Man fährt zum Marktplatz, den Kirchturm erkennt man von ferne, es ist leicht, sich zu orientieren, schwerer ist es, einen Parkplatz zu finden. Auch im historischen Gasthof gibt es fließendes Wasser, warm und kalt, und ein Telefon am Bett. Romantik mit Komfort. Die Außenbezirke nimmt man kaum wahr, man sagt höchstens: scheußlich, diese Fabrik! Ausgerechnet am Fluß! Oder: ausgerechnet am Burgberg! Das Häßliche fällt hier noch mehr auf als dort, wo das Schöne nicht so dicht beieinanderliegt. Alles fällt hier mehr auf. Gemeint ist nicht die kleine Großstadt, wie sie jetzt überall entsteht, gesichtslos und laut und einzig darauf bedacht, das Adjektiv ›klein‹ so rasch wie möglich zu verwachsen. Eine richtige kleine Stadt. ›Typisch kleinstädtisch.‹

Ich bin nach Arolsen gefahren, um zu erkunden, ob dort die Proportionen noch stimmen. Es ist meine Stadt. Die Liebe macht nicht blind, auch nicht die Liebe zu der Stadt, in der man ein Kind war, sie schärft eher den Blick, sucht zu verteidigen und ihrerseits den rechten Maßstab anzulegen.

Arolsen führt den hübschen Beinamen: die Stadt im Walde. Dort, wo die Bundesstraße 252 an der Peripherie der Stadt entlangführt, liegt auch der Bahnhof, ebenfalls etwas außerhalb, bereits nicht mehr auf städtischem Boden, kein D-Zug hält dort, kein Eilzug, die Strecke ist weitgehend eingleisig. Die Stadt liegt ein wenig abseits, das ist nicht von ungefähr: man ist eine Residenz, auf vornehmen Abstand, auf Ruhe bedacht, war es zumindest.

Man weiß nichts von einer Stadt, wenn man nicht wenigstens etwas von ihrer Vergangenheit weiß. 1711 wurde der waldecksche Graf Friedrich Anton Ulrich in den Reichsfürstenstand erhoben. Er war ein barocker Fürst mit barocken Allüren. Nach dem Vorbild von Versailles ließ er sich sein Schloß erbauen und gründete gleichzeitig eine Stadt. Für beides machte Rothweill die Pläne, und die entsprachen natürlich weder der Größe noch den Einkünften des kleinen neuen Fürstentums. Es dauerte nahezu hundert Jahre, bis das Schloß auch innen fertig ausgestattet war, und der Plan der Stadt wurde kaum zu einem Drittel ausgeführt. Die Geldkalamität begann und nahm kein Ende. Eine Stadt für Hofbeamte und Bedienstete und Lieferanten. Man hielt sich etwas darauf zugute, ›bei Hofe‹ zu sein, oder wenigstens doch ›hoffähig‹, und vom Ladenschild ›fürstlicher Hoflieferant‹ fiel ein wenig Glanz noch auf den Schlachtergesellen und den Bäckerjungen.

Es ist keine natürlich gewachsene Stadt mit dörflichen Anfängen, sondern eine Miniaturstadt von allem Anfang an, eine künstliche Stadt, ein kleines Kunstwerk. In der Hauptstraße, der ehemaligen Herrengasse, die vom Schloß zur Stadtkirche führt, wechseln in schöner Harmonie Häuser mit fünf Fenstern mit dreistreifigen ab, jeweils die Haustür unterm Mittelfenster, zweistöckig alle, drüber ein geräumiges Mansardendach nach französischem Muster, die Haustreppe fünf- oder dreistufig. Fachwerkbauten, aber vom Fachwerk sieht man nichts, sie sind gelb und rosa und hellblau getüncht, sie tragen einen sehr hübschen und städtischen Anstrich. Das gibt ein reizendes und heiteres Bild, auch heute noch. Die Straßen sind nicht so schmal angelegt wie in anderen kleinen Städten, sie mußten ja repräsentativ sein, Platz geben für die vierspännige Kutsche des Fürsten und den tiefen Hofknicks am Straßenrand. War nicht so ein ehrfürchtiger und schweigender Knicks am Straßenrand eine hübsche Art, sein Landesoberhaupt zu grüßen, oder gar den Zaren von Rußland, den Kaiser? Später ist nie mehr einer gekommen, kein Hitler, kein Adenauer und schon gar kein De Gaulle oder Kennedy, sie würden sicher auch mit Konfetti beworfen und mit Geschrei begrüßt und würden lächelnd danken, wie damals, allerdings im Stehen. Die Fürstin-Mama, vor der ich knickste, saß in ihr Wagenpolster gelehnt.

Die Häuser aus dem 18. Jahrhundert stehen unter Denkmalschutz, das ist für die Besitzer schmeichelnd und lästig wie überall, Gaslaternen beleuchten die Straßen noch immer spärlich, damit die Idylle gewahrt bleibt.

Das Schloß liegt am Rande der Stadt, die sich nur langsam und nur nach zwei Seiten hin ausgedehnt hat, zur Straße und zum Bahnhof hin. Das Schloß ist nicht mehr Residenz des Landes Waldeck, sondern Ausflugsziel, die Stadt ist nicht mehr Regierungs- oder Verwaltungssitz, Waldeck ist ein Anhängsel von Kurhessen.

Bevor ich versuche zu beschreiben, was diese Stadt denn nun heute ist und was sie sein will, muß von der jüngsten Geschichte geredet werden. 1918 trat der waldecksche Fürst ab, er unterzeichnete seine Abdankung – als einziger deutscher Fürst – zwar nicht, aber das war nicht mehr als eine schöne trotzige Geste. Wir Waldecker allerdings versäumen nie, darauf hinzuweisen. 1929 kam Waldeck an Preußen, und dann kommt ein schlimmes Kapitel der Geschichte meiner Stadt, schlimmer noch als die anderer deutscher Städte, vielleicht zu erklären, nie zu rechtfertigen. Lassen Sie mich mit einer Anekdote beginnen, dann fällt es mir leichter, darüber zu reden: Im Arolser Schloß wurde 1896 ein Erbprinz geboren, ein schwächliches Kind, das in die Marburger Universitätsklinik gebracht werden mußte, um sich im Brutkasten noch etwas weiter zu entwickeln. Ein Witzblatt brachte damals die Notiz: ›Im Fürstentum Waldeck ist ein der Größe des Landes entsprechender Erbprinz geboren.‹ Josias hieß er. Es kann sein, daß mancher sich an den Namen erinnert, aus den dreißiger und vierziger Jahren. Es handelt sich um den Kommandierenden General der SS, der seine Stadt in den Blickpunkt der Welt rücken wollte. Er machte aus Arolsen die ›Stadt der SS‹; das SS-Regiment ›Germania‹ lag dort in Garnison. ›An dem allgemeinen Aufschwung seit 1933 nahm Arolsen in vollem Maße teil.‹ So zu lesen bei H. Nicolai, der eine Stadtgeschichte von Arolsen geschrieben hat. Erbprinz Josias kehrte lange nach Kriegsende aus dem Lager zurück, er hat dann, mit anderen, zwangsweise auf dem jüdischen Friedhof arbeiten müssen. Heute lebt er, alt und leidend, auf Schloß Schaumburg an der Lahn. Auf den Gräbern und Wegen des jüdischen Friedhofs wächst wieder Gras, und an den Hecken stehen Schilder: Betreten verboten. Es gibt keine Juden mehr in der Stadt. Ein einziger war zurückgekehrt, er hat ein Geschäft aufgemacht, das lag ja nahe, aber er konnte nichts werden und ist wieder fortgezogen, in eine Großstadt, in der er weniger auffällt. Es hat eine Reihe angesehener jüdischer Familien gegeben, der Fürst brauchte Finanzberater und Geldgeber. Die Geldkalamität haben auch sie nicht beheben können.

Keine Bombe ist in dieser Stadt gefallen, auch kein Schuß. Man hat nur in manchen Kriegsnächten den roten Schein am Himmel gesehen, wenn Kassel brannte. – Hunderte von DPs zogen 1945 in Arolsen ein, Vertriebene, Flüchtlinge. Dreitausend Einwohner waren es vor dem Krieg, bald danach waren es sechstausend. Die Stadt hatte 1945 ihre Chance wie andere unzerstörte Kleinstädte und auch dieselben Sorgen: nicht genug Arbeitsplätze, nicht genug Wohnungen, außerdem eine belastende Vergangenheit und insgeheim noch immer den Wunsch, die Tradition der kleinen Residenz zu wahren.

In das Schloß an der großen Allee, einst als Witwensitz des Fürstenhauses erbaut, zog, als die Stadt aufhörte, eine Stadt der SS zu sein, die UNRRA, mit der Wahrung der Ansprüche der DPs betraut. Achthundert Menschen haben da gearbeitet, jahrelang. Die UNRRA wurde abgelöst von der IRO. Heute nennt sich die Organisation ITS, Internationaler Suchdienst, dem Roten Kreuz angeschlossen. Der ITS hat sein eigenes modernes Gebäude, an eben jener großen Allee, an der auch die Kasernen der SS lagen; mehr als zweihundert Angestellte noch immer. Verluste und Ansprüche der Geschädigten des Dritten Reiches werden hier registriert und kontrolliert, ein Archiv des Grauens.

In den wohlerhaltenen Kasernen liegt heute eine belgische Truppe, tausendvierhundert Mann, eine flämische Einheit. An ihrem nationalen Feiertag hält ein Bischof die Messe auf dem Kasernenhof, Panzer fahren auf, Bürgermeister und Stadtverordnete sind als Ehrengäste geladen, auch ich bin geladen, sehe die belgischen Fahnen wehen, sehe Panzerwagen und einen Bischof und denke an die Zeiten, in denen dies mein Schulhof war und die Kaserne mein Gymnasium. Vor ein paar Jahren hat man eine Siedlung für die Belgier und ihre Familien am Stadtrand gebaut, und eben jetzt legt man eine Panzerstraße an, die Stadt beteiligt sich mit dreißigtausend Mark an den Kosten, aus naheliegenden Erwägungen: die eigenen Straßen werden geschont, wenn die Panzerwagen sie nicht benutzen; vielleicht ziehen eines Tages die fremden Truppen ab, dann behält man die Straße, vielleicht wird die belgische Truppe bald von einer deutschen Einheit abgelöst. Möglichkeiten, mit denen man rechnen muß, es geht ja alles so schnell.

Man meint, man müsse noch Spuren sehen, es ist doch ungeheuerlich, was sich hier abgespielt hat auf so kleinem Raum. Hier kann man doch nicht untertauchen wie in einer Großstadt, wo man schließlich das Viertel wechseln kann. Jeder weiß hier doch alles vom anderen. In den vergangenen dreißig Jahren ist jeder einmal ›betroffen‹ gewesen, so oder auch so, weil er mitgemacht hat oder nicht mitgemacht hat. Es gibt Situationen, in denen nicht einer dem anderen aufs Kerbholz zeigen kann; er hat damit zu tun, sein eigenes zu verbergen. Man mußte zusammenhalten. Gegen das viele Fremde, das von außen kam. Vielleicht ist eine kleine Stadt doch auch barmherziger, als man denkt, wenn es so schlimm kommt.

Die Schilder ›Hoflieferant‹ sind nun fast alle verschwunden, nur die Hofapotheke gibt es noch, kaum verändert seit jener Zeit, als ich dort mein Töpfchen Sommersprossensalbe holen mußte, nach eigenem Rezept des Apothekers angerührt. Das Hofbrauhaus steht wie eh und je, und die Bierwagen werden noch immer von zwei dicken Pferden über das holprige Kopfsteinpflaster der Hauptstadt gezogen, das Hotel ›Fürst Friedrich‹ am Bahnhof ist renoviert. Die reizenden Kanönchen allerdings, die so lange dem Kirchplatz einen eher friedlichen denn kriegerischen Akzent gaben, stolze Trophäen eines Arolser Regimentes aus einem altmodischen Krieg, die hat man aus Gründen der Diskretion nach Burg Waldeck überm Edersee gebracht. An ihrer Stelle mahnt heute unter der breitkronigen Eiche eine grüne Blechkerze an die nicht heimgekehrten Gefangenen. Man versucht, es recht zu machen.

Was hat sich eigentlich verändert? Weite Teile des Schlosses sind dem Publikum freigegeben. Schulklassen und Frauenvereine halten mit Filzpantoffeln den achtzackigen waldeckschen Stern blank, der die Parkettböden ziert. Man bewundert echte Tischbeingemälde und Büsten von Christian

Rauch, herrliche alte Gobelins mit mythologischen Szenen und geniert sich pflichtschuldigst vorm Ölgemälde, auf dem das breite Bett jenes waldeckschen Grafen zu sehen ist, der das Vorbild abgab für den Grafen von Gleichen, der seine Eheprobleme auf so einfache Weise löste: er nahm beide Frauen mit in sein Bett. – Im linken Flügel des Schlosses ist das Heimatmuseum untergebracht und vorm rechten Flügel parkt im Ehrenhof ein heller Mercedes, vermutlich gehört er den Prinzen, die von hier aus die ihnen verbliebenen Güter bewirtschaften, ebenso zurückhaltend wie erfolgreich, heißt es. Im Gartensaal finden im Sommer öffentliche Schloßkonzerte statt, man rühmt sich, Elly Ney als Gast gewonnen zu haben, berühmte Quartette kommen gern. Barockmusik im Barocksaal eines noch bewohnten Schlosses. Im vorigen Jahr ist die Landesmutter gestorben, die Fürstin Bathildis, Stifterin so vieler wohltätiger Einrichtungen, sie besuchte die Jubilare, erschien bei ländlichen Schützenfesten, alt, ehrfurchtgebietend und geliebt.

In der Fürstenallee, nicht weit vom Schloß, nichts ist hier ja weit entfernt, liegt das Goethe-Institut. Hier lernt der Priester aus Madagaskar, die Krankenschwester aus Ghana, der Chemiker aus dem Irak in Zweimonatskursen – achtzig Teilnehmer sind vorgesehen – Deutsch nach dem Berlitzsystem. Sie wohnen privat und essen gemeinsam im ›Waldecker Hof‹, manchmal ist einer unter ihnen, der hat viel Geld, der kauft dann einen neuen Wagen in der Stadt. – Im vorigen Jahr reiste ein schwarzer Präsident durch die Bundesrepublik, um, wie er in seiner Rede sagte, bei uns zu lernen, wie man rasch zu Wohlständen kommt. Wohlstände, das ist ein hübscheres Wort als Konjunktur, es scheint mir für meine Stadt zu passen: Wohlstände hätte man auch hier gern. Immer noch lebt man in dem Konflikt, etwas Besonderes sein zu wollen und doch mitzumachen mit den anderen.

Es gibt keine bodenständige Industrie. Einige mittlere Gewerbebetriebe, nicht einmal ganz krisenfest. Die einzige Fabrik, ein Kabelwerk, steht bereits nicht mehr auf städtischem

Boden. Sie schickt bei Regenwetter zwar ihre Abgase mit dem Wind über die Stadt, aber die Gewerbesteuer fließt leider nicht in die städtische Kasse.

Wer in die Sommerfrische in die ›Stadt im Walde‹ fährt, dessen Jahre sind gezählt und dessen Geld ist auch gezählt. Außer der Waldluft – mildes Reizklima nennt es der Prospekt, aber eigentlich ist es eher etwas rauh – hat man im Luftkurort nichts zu bieten, keine Mineralquellen, keinen See und keinen Fluß, und die Berge sind auch nur sanft gehügelt. Darum ist man vorsichtig mit den Investitionen in den Kurbetrieb, man erwägt mit Bedacht die Einrichtungen eines Kurmittelhauses, vielleicht könnte aus Arolsen ein Kneippbad werden? Vorerst beträgt der Pensionspreis zehn Mark, die Übernachtung in Privatquartieren weniger als drei. Reichtümer sind damit nicht zu gewinnen, nicht einmal Wohlstände.

Aber man wird alt hier, auf die angenehmste Weise. Die schattige Bank in einer der sieben gut gepflegten Alleen bleibt erreichbar, selbst wenn man an zwei Stöcken gehen muß. Die ehemaligen Reitwege sind auch im Rollstuhl befahrbar. Pensionopolis, sagt man bereits. Schon hat ein Amerikaner sich einen Bungalow, geschmückt mit dörflichem Fachwerk, an einen Hang gebaut, in der Absicht, hier seine alten Tage zu verbringen.

Man lebt in ruhigerem Rhythmus, auch heute noch, obwohl es lange her ist, daß Frau von Wiedborg nach einem versehentlichen Feueralarm ärgerlich ihr Fenster zuschlug mit den Worten: »In Arolsen kommt aber auch nichts zustande!«

Es wird gebaut, nach allen Seiten hin, nicht fieberhaft, aber stetig. Einfamilienhäuser mit einer Einliegerwohnung, nach wie vor in solidem Backsteinbau. Beamte, Angestellte, Arbeiter, einer neben dem anderen, wie überall. Die Zeit der Geheimräte und Hofräte ist vorbei. Der Bodenpreis liegt bei zwölf Mark; man hat sogar die Chance, dafür einen richtigen alten Baum, einen Ahorn oder eine Esche, seltener waldecksche Eiche, mit zu erwerben, dazu noch einen Blick über die Felder bis hin zu den Wäldern, die der Stadt den hübschen Beinamen gaben.

Arolsen ist eine Geburtsstadt, das hat sie mit vielen Kleinstädten gemeinsam, die Geburtsorte berühmter Männer sind. Da ist nahezu Schild an Schild an den Häusern. Christian Rauch, der Bildhauer des deutschen Klassizismus, ist der größte Sohn der Stadt. Mein Gymnasium trägt heute seinen Namen. In der Stadtkirche stehen marmorn und schön seine Statuen von Glaube, Liebe, Hoffnung. Sein Geburtshaus in der Rauchstraße ist gewiß das kleinste unter den Geburtshäusern großer Männer. Die Kaulbachs stammen von hier. Der romantische Dichter Stieglitz. Ein Arolser hat das Lied gedichtet ›König Wilhelm saß ganz heiter einst zu Ems, dacht gar nicht weiter / an die Händel dieser Welt...‹. Keineswegs ein Dichter, sondern ein Arzt. Wolrad Kreusler, August Bier, August Bunsen (Bunsenbrenner!), Geheimrat Mannel, Rudolf Klapp (Klappsches Kriechverfahren), die Vorfahren von Franz Marc – viele große Männer in der kurzen Geschichte einer so kleinen Stadt. Aber keiner der großen Söhne liegt auf dem Friedhof begraben. Vielleicht haben sie hier die ›Proportionen des Lebens‹ gelernt, aber als sie ihnen dann zu klein wurden, zogen sie fort. Wer bleibt – das ist auch heute noch so –, hat es in der kleinen Stadt leichter, jemand zu sein, als in der Großstadt, sie bildet noch Persönlichkeiten und Originale, man pflegt hier noch etwas zu tun, Gewohnheiten bilden sich aus. Eigentümlichkeiten und Wunderlichkeiten gedeihen hier besser. Dieselbe Frau von Wiedborg zum Beispiel pflegte bei Kaffee-Einladungen das runde Mittelstück der Buttercremetorte in ihrer Handtasche verschwinden zu lassen mit dem klassisch gewordenen Satz: »Das will ich meinem lieben Wiedborg mitbringen!« Am ›Wiedborg‹ erkennen sich die Waldecker.

Schloß und Bahnhof sind nach wie vor die Pole der Stadt. Vom Kirchplatz fahren die Omnibusse auf die Dörfer. Noch immer gibt es hier alles nur einmal: einen Bahnhof, ein Postamt, ein Schwimmbad, eine Volksschule, einen Kindergarten. Alles ist noch getrennt voneinander, die Häuser stehen noch einzeln in ihren Gärten, noch kennt man sich, man ist zur selben Schule gegangen, zusammen zum Konfirmandenunterricht. Es gibt nur ein Kino, das Programm wechselt jedoch dreimal in der Woche, der Geschichtsverein und das Volksbildungswerk veranstalten Vorträge, Lichtbilderabende, man fährt mit dem Omnibus nach Kassel ins Staatstheater. Man kennt sich, wenn man wer ist. Und jeder, der Wert darauf legt, kann hier jemand sein.

Ist es nicht ein Phänomen: die Prinzen, die ihre Güter verwalten, die junge Inderin, die über ihrem Sari einen Wintermantel trägt, weil sie im milden waldeckschen Reizklima friert, der flämisch sprechende belgische Soldat, die Angestellte des ITS, der Kurgast aus Bochum, die Bäuerin, die ihre Einkäufe gemacht hat und auf den Omnibus wartet, und dazwischen die Arolser, sich tapfer behauptend gegenüber dem Fremden, zurückhaltend und ein wenig neugierig und in bescheidenem Umfang auf Wohlstände bedacht. Alles nebeneinander. Und so dicht nebeneinander! Alles in allem: was für eine reizende Stadt! Es gibt noch Kopfsteinpflaster, nachts hört man die Kirchturmuhr schlagen, es gibt noch Gaslaternen. Anfang August wird noch immer der große traditionelle Viehmarkt auf dem Königsberg abgehalten, mit richtigem Viehauftrieb aus dem ganzen Landkreis und mit Prämiierungen, nur die Zigeuner kommen nicht mehr. Aber vielleicht kommen die auch auf andere Viehmärkte nicht mehr. Es gibt noch keineswegs in allen Gasthöfen Fernsehgeräte, dafür gibt es aber noch richtige Konditoreien, keine Milchbar und keine Espressobar, und einen Jazzkeller habe ich auch nicht gesehen und nirgends eine Musikbox. Was es hier noch gibt, das ist Langeweile und noch kaum ein Hilfsmittel, um die Zeit totzuschlagen.

Alles ist vertraut hier. Nur man fühlt sich fremd, man selbst stimmt nicht mehr, die Proportion meiner kleinen Stadt scheint zu stimmen. (1964)

Stichwort Waldeck (2)

Immer wieder Diskussionen darüber, ob die Frau ein Geschöpf zweiter Ordnung sei. Vermutlich ist die Einstellung einer Frau zu dieser Frage von ihrem persönlichen Erleben geprägt. Wie war das bei mir?

Meinen Eltern wurden noch spät zwei Töchter geboren – ich wähle bewußt diesen altmodischen Ausdruck –, die jüngere war ich. Wir wuchsen als etwas Besonderes heran: Pfarrerstöchter. Die Frage, ob die Eltern sich über die Geburt eines Sohnes mehr gefreut hätten, wurde nie gestellt. Als wir, meine Schwester und ich, in der nahe gelegenen Residenzstadt Arolsen das Gymnasium besuchten, waren die Mädchen – weil gering an Zahl – etwas Besonderes. Meine Mutter war in erster Linie Pfarrfrau, in zweiter und dritter erst Mutter und Hausfrau. Ihre Stellung im Dorf war nicht weniger angesehen als die des Vaters. Er auf der Kanzel, vorm Altar, am Taufstein oder am Grab; sie an den Wochenbetten, den Krankenbetten, den Sterbebetten. Man sprach im Dorf nicht ohne Scheu von ›dem Herrn Pastor‹, nie ohne Ehrfurcht, er lebte in einer angestrebten Schonzone; zu meiner Mutter trug man die täglichen Sorgen. Sie versuchte, das zu leben und vorzuleben, was er predigte. Zusammen ergab das ein Lebenswerk, das über den Tod hinaus gewirkt hat.

Zunächst wollte ich Missionsfrau werden: nicht Missionar. Von Albert Schweitzer hatte ich gewiß noch nie gehört, aber an eine Verbindung von leiblicher und geistlicher Sorge werde ich wohl gedacht haben. Es kamen oft Missionare zu uns ins Pfarrhaus, ich sah Lichtbilder von

Somaliland, Borneo, Neu-Guinea. Ich wäre wohl auch gern eine Pfarrfrau geworden; den Wunsch, Theologie zu studieren, habe ich nie verspürt.

Bis zu meinem 13. Lebensjahr, dem Jahr, in dem wir in die Stadt zogen, habe ich das nicht gekannt, was ich einmal ›Unterschiede‹ nennen will. Ich wußte nicht, daß es arme und reiche Leute gibt. Ich habe keine Klassenunterschiede gekannt. Mein Vater ging lieber in die Häuser der Armen als in die der Reichen; lieber zu den ›Kuh-Bauern‹, den Stellmachern und Waldarbeitern als zu den ›Pferde-Bauern‹ auf die großen Bauernhöfe. Ich habe ebensowenig wahrgenommen, daß ein Bauer wichtiger wäre als eine Bäuerin.

In den handgeschriebenen Lebenserinnerungen meines Vaters, die ich vor kurzem noch einmal gelesen habe, steht gegen Ende, daß er den Wunsch hege, es möge sich ein Mann finden, der die jüngste Tochter zum Altar führe. Kein anderer Wunsch für die damals Sechzehnjährige. Einige Seiten vorher äußert er seine Überraschung darüber, daß diese Tochter ein Theaterstück geschrieben hatte, das in der Schule aufgeführt worden war. Für einen Sohn hätte er andere Wünsche geäußert. Aber ich vermute, daß er der Ansicht war, erst Mann und Frau zusammen ergäben ein lebensfähiges Ganzes. Er selbst war ohne persönlichen Ehrgeiz. Er liebte und achtete seine Frau ein Leben lang. Ein Kampf um Vorherrschaft fand nicht statt.

Die übliche Einteilung in ›reich und arm‹, ›oben und unten‹, ›männlich und weiblich‹, ›rechts und links‹ erkenne ich nicht als Wertung an. Diese Unterschiede werden null und nichtig vor dem, was Männer und Frauen und Arme und Reiche in gleicher Weise betrifft: Geburt, Krankheit, Krieg, Alter und Tod.

Mein Vater: ›Wenn die Landwirte nicht eine Kuh aus dem Oberdorf ins Unterdorf ohne Vermittlung eines Viehhändlers aus dem Nachbardorf verkaufen können, sollen sie nachher nicht auf den Juden schimpfen!‹

In diesem Dorf kenne ich vornehmlich jene, deren Namen auf dem ›Kriegerdenkmal‹ am Rand des Friedhofs stehen. Ich erinnere mich an die Häuser, in denen sie lebten, ich erinnere mich, daß ich mit ihnen auf dem Teich im Wald Schlittschuh gelaufen bin, ich erinnere mich, daß wir zusammen Theater fürs Schulfest gespielt haben, unter ihnen Christian und Reinhold V., die beiden Söhne des Lehrers, der ein Ludendorff-Anhänger geworden war und es schließlich ablehnte, in der Kirche die Orgel zu spielen, die Kirche überhaupt nicht mehr betrat; Feindschaft zwischen Pfarrhaus und Lehrerhaus. Mein Vater mußte weichen, der Lehrer blieb, unterrichtete viele Jahrgänge als einziger Lehrer. War er am Ende seines Lebens bekehrt? Nach dem Blutopfer seiner beiden Söhne? Ich weiß es nicht. Ich frage auch niemanden. Ich sehe, was ich sehe, ich höre, was man mir erzählt, ich weiß nicht, was man mir verbirgt und was man verschweigt.

Das erste Telefon, das es in meinem Heimatort gab, war Tag und Nacht betriebsbereit, es hing im Pfarrhaus an der Wand. Die Vermittlung der Gespräche besorgte ein Fräulein vom Amt. Man kam nur in Notfällen zum Telefonieren ins Pfarrhaus, in der Regel, wenn der Tierarzt gebraucht wurde. Mein Verhältnis zum Telefon ist durch diese Kindheitserinnerungen bestimmt worden. Ich überlege lange, ob mein Anruf wirklich wichtig ist, ob er den anderen, nach dem ich klingele wie nach einem Dienstboten, auch nicht stört.

20. Juni. Der Geburtstag meines Vaters. Meine Erinnerungen setzen sich aus Heckenrosen und Erdbeerbowle zusammen, aus der Schichttorte, die seine Jugendfreundin Adolfine mitbrachte. Im Pfarrgarten blühten die hohen weißen Lilien und die starkduftenden Nelken; der Garten meiner Kindheit: Es gab Lauben, mit Pfeifenkraut bewachsen, Grotten und einen Teich, ein Bienenhaus und Bergamotten; Terrassen, von Efeu überwuchert, und einen mächtigen Nußbaum. Adalbert Stifter hätte den Garten angelegt haben kön-

nen. Das ist nun alles verfallen, ohne Geheimnisse und Glanz, aber dort hat sich mein Gefühl für die Größenverhältnisse des Lebens gebildet.

In Arolsen, der kleinen Residenzstadt. Alles wieder frisch getüncht, das Schloß senfgelb, in den Anlagen blühen die Azaleen, die große Allee gealtert, Eichen-Ruinen. ›Grün im Schutze deiner Eichen.‹ Die ehemalige waldecksche Hymne.

So brav alles, so ordentlich ... Aber inzwischen weiß ich: Hitler und Himmler waren die Taufpaten des Erbprinzen von Waldeck, dessen Vater Josias das SS-Regiment ›Germania‹ in sein kleines Fürstentum geholt hat.

In einer kleinen Stadt wirkt alles kleiner, auch die Historie.

Sonntagnachmittag in meinem Dorf. Ich bin zu Besuch bei der alten Hedwig J. Sie lebt allein in ihrem kleinen Haus, ihre Kinder haben gebaut, kommen aber mit den Enkeln häufig zu Besuch. In dieses Haus, inzwischen bis zur Unkenntlichkeit modernisiert, bin ich als Kind oft gegangen, um Bestellungen an Hedwigs Mutter auszurichten, die im Pfarrhaus die Wäsche wusch. Etwas muß an dieser alten Frau bewunderungswürdig gewesen sein, denn mein erster Berufswunsch war: Waschfrau.

Ich blicke aus dem Fenster und sehe jemanden – am Sonntagnachmittag! – mit dem Trecker vorüberfahren. ›Wer ist denn das?‹ frage ich. ›Das ist der alte Müller!‹ antwortet Hedwig. ›In seinen Mercedes kann er nicht rein und raus wegen dem Rheuma, deshalb fährt er mit dem Trecker.‹ Ich sehe genauer hin – ich muß sehr genau hinsehen, wenn ich jemanden wiedererkennen will. ›Hedwig!‹ sage ich. ›Das ist der junge Müller!‹ Als ich ihn zuletzt sah, hieß er noch der ›junge Müller‹ und sein Vater der ›alte Müller‹, dem die große Kornmühle gehörte und der Mühlenteich.

Sie sagt: ›Du bist auch nicht mehr Pastors Christa!‹ Wir lachen beide.

Ich sage nur selten ›mein‹, mit den besitzanzeigenden Fürwörtern gehe ich vorsichtig um, aber von diesem Dorf habe ich immer besitzanzeigend gesprochen. Mein Dorf. Mein Elternhaus. Dieses Elternhaus gehörte nicht den Eltern, und das Dorf gehört nicht mir. Ich gehöre auch nicht mehr in dieses Dorf, ich weiß nicht, ob es dort noch jemanden gibt, der meinen Namen mit ›meine‹ oder ›unsere‹ versieht, vielleicht noch ein paar alte Frauen, die sagen, wenn ich an ihrem Haus vorbeigehe und sie mich erkennen: ›Das ist doch die Jüngste von unserem alten Pastor!‹

Friedhelm W., mit dem ich auf unübersichtliche Weise verwandt bin, erzählt vom Sterben seines Großvaters, an den ich mich noch erinnere, ein Vetter meines Vaters, wie ich vermute. Er war Schreinermeister und sprach Platt; es klang aber anders als das Platt in meinem Dorf, obwohl beide Dörfer in Waldeck liegen. Dieser Großvater mit den stechend blauen Augen – ›grell‹ sagen wir Waldecker – ließ eines Tages seine Kinder und deren Frauen und alle Enkel zu sich rufen. Er saß im Lehnstuhl, rief sie einzeln, dem Alter nach, beim Namen, legte jedem die Hand auf und segnete ihn. Der Arzt erklärte: ›Es kann noch lange dauern.‹ Aber er sagte: ›Ich sterbe‹ und starb.

Friedhelm erzählt von seinem Vater, ebenfalls Schreinermeister im selben Dorf, im selben Haus. Von ihm stammt der Satz: ›Meine Werkstatt und meine Söhne sind meine Lebensversicherung.‹ Auch er sprach noch Platt. Inzwischen besaß er außer der Schreinerei auch noch ein Lebensmittel- und Haushaltwarengeschäft. Er hatte drei Kinder, das jüngste davon dieser Friedhelm. Während des Zweiten Weltkrieges, als er und seine Schwester noch klein waren, wurde kurz vor Weihnachten auf einen Abschnitt der Lebensmittelkarten ein Riegel Schokolade aufgerufen. Die beiden Kinder schlichen sich in den Lagerraum des Lebensmittelgeschäftes, nahmen sich einen Riegel Schokolade und teilten ihn untereinander; sie wollten ihn später, wenn sie regulär ihre Schokolade zugeteilt bekämen, ersetzen. Beim Abendbrot, als alle mit gefalteten Händen am Tisch saßen, sagte der Vater: ›Wir können heute nicht beten, wir haben Diebe am Tisch sitzen.‹

Als der Vater einen Schlaganfall erlitt und linksseitig gelähmt im Bett lag, zu Hause und nicht etwa im nahe gelegenen Krankenhaus, hob er mit dem gesunden rechten Arm den gelähmten linken Arm hoch und sagte: ›So kann mich unser Herrgott doch nicht liegen lassen! Er muß mich gesund machen oder holen!‹ Er starb dann nach fünf Tagen.

Seine drei Kinder haben längst eigene große Familien; sie verehren den Vater noch heute, allerdings mischt sich auch Furcht in ihre Liebe. Aus der Schreinerwerkstatt ist eine holzverarbeitende Fabrik geworden; einer der Brüder leitet den technischen, der andere den kaufmännischen Betrieb, in Eintracht. Ihre Frauen führen ebenso einträchtig das Lebensmittelgeschäft weiter; sie wechseln sich wöchentlich ab. Ihre geräumigen, modernen Häuser stehen am Rand des Fabrikgeländes in Rufweite. Bei Friedhelm liegt die Familienbibel aufgeschlagen auf dem Tisch in der Diele. Jeden Morgen liest er darin. Er entschuldigt sich: Im Laufe des Tages komme er nicht zum Lesen, und abends sei er zu müde.

Als seine Tochter, fünfzehnjährig, nach einem Autounfall lange in der Klinik liegen mußte, fuhr er täglich 50 Kilometer, um sein Kind zu besuchen. In dem Acht-Betten-Zimmer lag auch ein türkisches Mädchen, das oft weinte und sich weigerte zu essen. Er brachte den ›Struwwelpeter‹ mit, zeigte der kleinen Türkin die Bilder vom Suppenkaspar, las ihr die Geschichte vor und erklärte sie ihr. Von da an las er jeden Tag dem türkischen Kind und den deutschen Kindern eine Geschichte vor. Und als er seine Tochter abholte, schenkte er jedem Kind den ›Struwwelpeter‹. Waldecksche Kalendergeschichten aus der Gegenwart.

Einmal im Jahr besuchen wir diese waldeckschen Verwandten. Ich sage dann: ›Wir nehmen ein Familienbad.‹

›Zieht euch alte Sachen an!‹ ruft Friedhelm mit lauter Stimme durchs Telefon. ›Meine Frau backt Ofenkuchen!‹

Und dann sitzen wir alle um einen langen Tisch, streichen gesalzene Butter auf die dünnen, heißen Kartoffelfladen, rollen sie auf, essen sie aus der Hand, und die geschmolzene Butter rinnt uns bis zu den Ellenbogen. Wir trinken Kaffee und Schnaps dazu, und ich sage: ›Und jetzt mußt du erzählen, wie ihr im Krieg die Schokolade –‹

Später gehen wir zum Schwimmen. Das Schwimmbad ist nur durch eine Hecke vom Obstgarten getrennt, in der Hecke befindet sich ein Schlupfloch. Wir zahlen keinen Eintritt. Das Schwimmbad wird kostenlos mit Sägemehl, einem Abfallprodukt der Firma, geheizt.

Auf meinem Geburtsschein steht glaubwürdig in der Handschrift meines Vaters, der die Kirchenbücher sorgfältig geführt hat, daß ich in Schmillinghausen/Kreis der Twiste in Waldeck, zugehörig zum Deutschen Reich, geboren wurde.

Fürst Friedrich von Waldeck hatte 1918 zwar seinen Thron, und mit seinem Fürstentum auch die Selbständigkeit, verloren, aber der Fürst residierte weiterhin in seinem Schloß in Arolsen. Waldeck war ein demokratischer Freistaat und ich somit eine gebürtige Waldeckerin. Am 1. April 1929 wurde Waldeck gegen seinen Willen, aber auf demokratischem Wege an Preußen angeschlossen und gehörte von nun an zum Regierungsbezirk Kassel.

Im wehrlosen Alter von sieben Jahren hatte ich zum ersten Mal meine Heimat verloren, zumindest auf dem Papier. Das nächste, das ich einbüßte, war der ›Kreis der Twiste‹; das gleichnamige Bächlein floß zwar weiterhin durch sein Tal, aber die drei waldeckschen Kreise wurden zu einem einzigen zusammengeschlossen, womit sich die Angaben zu meiner Person vereinfachten; nun also geboren: Schmillinghausen, Kreis Waldeck.

Von dieser Änderung erfuhr ich durch eine Zeitungsmeldung, denn mittlerweile war ich zwar noch eine gebürtige Waldeckerin, aber ich lebte nicht mehr dort. Als es mit Preußen ein Ende hatte und die Länder nach dem verlorenen

Zweiten Weltkrieg neu aufgeteilt wurden, schlug man Waldeck zu Hessen. Wie bei allen Fusionen zwischen groß und klein verschwand Waldeck aus dem allgemeinen Bewußtsein, obwohl im Schloß zu Arolsen immer noch Prinzen zu Waldeck residierten, zumindest lebten. Mein Dorf war nun ein nordhessisches Dorf. Und im Zug der größeren geschichtlichen Ereignisse war aus dem ›Deutschen Reich‹ die ›Bundesrepublik Deutschland‹ geworden.

Inzwischen gibt es ›mein Dorf‹ überhaupt nicht mehr. Es wurde im Rahmen der Gebietsreform zum ›Stadtteil‹ der sechs Kilometer entfernten ehemaligen Residenzstadt Arolsen erklärt. Noch taucht der Name, klein geschrieben, auf den Schildern am Ortseingang auf; noch steht er auf alten Landkarten, aber auf den neuen Autokarten fehlt er bereits, eine eigene Postleitzahl besitzt mein Dorf nicht.

Im weiteren Verlauf der Gebietsreform wurde schließlich durch einen einfachen Verwaltungsakt der Landkreis Waldeck mit dem Landkreis Frankenberg zusammengelegt. Kein Autokennzeichen mit der Chiffre ›WA‹ läßt mich noch freudig ›Ah – ein Waldecker!‹ ausrufen. Neuerdings liest man den Namen gelegentlich wieder in den Zeitungen, wenn von einer nordhessischen WAA berichtet wird, die wenige Kilometer von meinem Dorf entfernt, jenseits des Hellenberges, gebaut werden soll, eine Wiederaufbereitungsanlage für atomare Brennstoffe.

Von den sieben Taufnamen, die ich meinen sieben Paten verdanke, ging mir durch Unachtsamkeit eines Standesbeamten der schöne Name Gertrud verloren. Von den verbliebenen sechs Namen benutze ich den letzten, den ich allerdings eigenmächtig abgeändert habe. Den Familiennamen habe ich durch Heirat zum zweiten Mal verloren, aber auch diesen neuen und schönen Namen benutze ich selten.

Beim Lesen meiner Geburtsurkunde kommen mir Zweifel an meiner Identität. An den Daten hat sich – habe ich – nichts geändert. (1981)

Das neue Kassel ist unvergleichlich

Im Juni 1960 zog ich nach Kassel. Ich bin nicht in meine Vaterstadt zurückgekehrt. Ich bestreite das. Ich erkannte nichts wieder und wollte nichts wiedererkennen. Dabei gab es Anzeichen. Im Park Wilhelmshöhe sind die Anfangsbuchstaben meines Mädchennamens in die steinerne Wand eines Pavillons geritzt, zusammen mit zwei anderen Buchstaben. Mein Name an den eines Toten gebunden.

Mit dem 22. Oktober 1943 war endgültig und gewaltsam meine Kindheit zu Ende. Das Elternhaus bis auf die Mauern ausgebrannt; der Vater tot, die Mutter krank und ohne Obdach und Habe; die Schule, in der ich ein halbes Jahr später hätte Abitur machen sollen: bis auf die Grundmauern zerstört; die liebste Freundin verbrannt, mit Eltern, Großeltern, Hund – nichts, was man noch hätte begraben können.

Das war das Ende. Das war der Abschied. Da war alles in Flammen aufgegangen. Nach solch einer Nacht geht man fort und dreht sich nicht um.

Ich weigerte mich, das alte Kassel wiederzufinden, in dem ich schon einmal neun Jahre lang gewohnt hatte. In meiner Erinnerung waren nichts als Trümmer und Tote. Das Vergessen war leichtgemacht. Die Straßen trugen neue Namen; es war nicht schwer zu lernen, daß jene Straße die Friedrich-Ebert-Straße war, daß der Platz, an dem einmal das Oberlyzeum stand, wer weiß denn noch wo, der Scheidemannplatz ist. Die paar restaurierten Erinnerungsstücke genügten: Druselturm, Zwehrener Turm, Ottoneum. Die roten, klassizistischen Säulen vom alten Porticus des ›Roten Palais‹ an der Fassade eines Kaufhauses: ich war's zufrieden.

Dann und wann sah ich jemanden, den ich einmal kannte. Für Sekunden tauchte das alte junge Gesicht vor mir auf. Olympiarolle, Nackenknoten, schwarzes Käppi; eine Uniform, HJ oder BDM, braun oder feldgrau. Wozu? Das ist vergessen. Ich gehe vorüber. Ich gehe unter der Tarnkappe von zwanzig vergangenen Jahren, im Schutz eines neuen Namens. Manchmal bleibt jemand stehen, nennt den alten Namen. Leugnen hilft nicht. Sagt er: »Sie haben sich gar nicht verändert«, dann werde ich blaß, sage »oh« und gehe weiter, wie jener Herr Keuner bei Bert Brecht. Ich habe mich verändert. Die Stadt hat sich verändert.

Das Haus der Eltern ist wieder aufgebaut, ein Trugschluß. Manchmal gehe ich vorüber, unternehme Kontrollgänge. Lange stand noch die Birke vorm Haus und der Mandelbaum, den meine Mutter gepflanzt hat. Jeder kann Bäume schlagen, auch wenn er sie nicht gepflanzt hat. ›Mein‹ ist das alles nicht mehr. Mein Elternhaus, meine Straße, meine Schule, mein – in jener Nacht sind alle meine Possessiva verbrannt.

Ich sah das Neue. Wer geblieben ist, wer bald nach der Katastrophe zurückkehrte, sah das Zerstörte, das Alte, stellte Vergleiche an. Die Stadt, die ich vorfand, war bereits unvergleichlich ...

Wo die Erinnerung die Vergangenheit vergoldet hatte, was sie so gern tut, zeigte sich beim zweiten, kritischen Blick, daß es sich nicht um Gold, sondern um Dublee handelte. Das sehe ich vor mir: mein Vater, der Superintendent, vorzeitig pensioniert, wie er im Restaurant ›Herkules‹ mit erhobenem rechten Arm dasteht, die Lippen zusammengepreßt. Eine Sondermeldung aus dem Lautsprecher. Statt unsere Suppe zu essen, standen wir auf, erhoben den rechten Arm zum Deutschen Gruß und sangen das Horst-Wessel-Lied. Erinnerungen, die sich in 20 und 30 Jahren nicht vergolden lassen. In meinem Klassenzimmer hing ein Spruch an der Wand: ›Wer leben will, der kämpfe also, und wer nicht streiten will in dieser Welt des ewigen Ringens, verdient das Leben nicht.‹

Das klingt nach Nietzsche und ist von Adolf Hitler. Eine Schule, in der eine alte Oberstudienrätin, Lehrfach Geschichte, blauäugig und ergriffen noch im Jahr 1943 von ›unserem herrlichen Führer‹ sprach.

Wenn es Zeugnisse gegeben hatte, im Herbst und zu Ostern, war Messe in Kassel, dann gingen wir auf den Friedrichsplatz, wo damals die Verkaufsbuden standen, aßen Fischbrötchen und türkischen Honig. Was für ein Platz war das! Wie geschaffen für Aufmärsche. Da verbrachte ich jeden Ersten-Mai-Feiertag. Ich weiß nicht, aus wie vielen staatspolitischen Anlässen ich dort antreten mußte. So schön wie heute war der Friedrichsplatz noch nie! Kein Exerzierplatz mehr, kein Platz für Aufmärsche. Er ist farbig und festlich, heiter und gesellig. Die jungen Linden sind schon stattliche Bäume, und wenn sie im Juli blühen, dann zieht – nein! Es ist Ostwind, Schönwetterwind, da mischt sich in Kassel die Spinnfaser in alle Blütendüfte. Wie einst. Ich erinnere mich: Ich ging mit einer Winterhilfswerk-Büchse durch die Königsstraße, die Wilhelmstraße; heute ist das ein Fußgängerzentrum, um das uns viele Städte beneiden. In dieser Stadt leistete ich das ›Pflichtjahr für deutsche Mädchen‹ ab, hier tat ich drei Jahre lang Kriegsdienst beim Generalkommando IX A. K., mit Erkennungsmarke und Gasmaskentornister ausgestattet. Eine NS-Stadt, in der ich tun mußte, was man mir befahl; eine Kriegsstadt, dunkel, kalt, in der man Panzer baute und den Fieseler Storch. Ich bin in eine demokratische Stadt zurückgekehrt!

Im alten Staatstheater habe ich ›Katte‹ gesehen; ›Schlageter‹ von Hanns Johst und Stücke von Rehberg. Auch Unvergessenes: den ›Sommernachtstraum‹ und ›Iphigenie‹. Ich schwärmte für Luise Glau und für Stephan Skodler. Ich sehe die junge Ruth Beheim noch vor mir, singend auf einer Schaukel in Mozarts ›Cosi fan tutte‹. Im neuen Staatstheater kann ich Ionesco sehen, Beckett, Bond und Shakespeare à la Zadek. Oft begeistert und manchmal empört. Aber: ich sehe Welttheater.

Ich ging damals in die Fulda zum Schwimmen. Da reihte sich Freibad an Freibad, lange Zeit noch nach Geschlechtern getrennt. Wenn ein ›Fieseler Storch‹ unter dem Bogen der Fuldabrücke durchflog, tauchten wir wie die Enten. Heute schwimme ich im azurblauen, wohltemperierten Wasser des Stadions am Auedamm, die Fulda gleitet lehmig vorüber, Motorboote, ab und zu ein Hubschrauber oder ein Schwanenpaar in den Lüften, am anderen Fuldaufer lagern Kühe auf den Weiden, in der Ferne die Autobahn, die Schlote der Fabriken. Der Dampfer ›Elsa‹ fährt nachmittags noch immer die Kaffeegäste zur ›Grauen Katze‹, aber an manchen Abenden verwandelt er sich in ein ›river boat‹ mit Jazz und Beat.

Kassel liegt etwa in der Mitte zwischen dem 51. und 52. Breitengrad. Aber an manchen Sommertagen meint man, diese ehedem so steinerne dunkle Stadt mit den engen Straßenzügen, den dürftigen, mit Eisengittern wehrhaft gemachten Vorgärten sei auf dem 48. Breitengrad wieder aufgebaut; viel weiter südlich. Kommt man die Treppenstraße hinunter, an Sonnenschirmen und Caféhausstühlen und Blumenrabatten vorbei, geht der Blick weit ins Land. Ich mag diese Landschaft. Sie ist hessisch-harmlos, ohne Attraktionen. Der Fluß zu klein, um das Stadtbild zu bestimmen, kein Seeufer mit eleganten Promenaden, die Berge kaum zur Höhe der Mittelgebirge ansteigend, aber: eine Stadt mit mehr Grün als alle anderen Städte. Über 20 Prozent des Stadtgebietes sind Waldgebiet. Ich schätze, daß mindestens 20 weitere Prozent Gärten und Anlagen sind. Man öffnet die Straßenbahntür an den Endstationen und ist im Wald.

Und die Parks! Unserer vor allem, die Karlsaue. Da machen wir jedes Jahr eine Ente und einen Karpfen mit Brotresten fett. Wir müßten längst einen goldenen Wanderschuh bekommen haben, so oft sind wir im Winter und Frühling, im Sommer und Herbst in der Dämmerstunde um unseren See gegangen. Im neuen Kassel ist vieles ›unser‹. Wir sagen ›unser Park‹ und sagen ›unser OB‹.

Wo nur ein Stückchen Erde ist, auf dem weder eine Straßenbahn fahren noch ein Auto parken könnte, da blühen in Kassel, bevor noch die Baustelle zugeschaufelt ist, Blumen und Sträucher, und wo der Platz für ein Beet nicht ausreicht, da steht ein Zementtrog, aus dem es grün und blühend wuchert. Und die Springbrunnen! Vorm Rathaus, vorm Theater, vorm Bahnhof, es plätschert sogar im Kino. Wasserspiele vom Herkules bis zum Königsplatz, von Kaskade zu Kaskade.

Vor vier Jahren, als auch solch ein documenta-Jahr war, reiste ich einige Monate durch die Vereinigten Staaten. Ich suchte vergeblich in den Zeitungen nach Meldungen aus der Bundesrepublik. Keine Zeile Politik, keine Zeile Sport, aber mehrfach las ich von ›Kassel, a small town in Western Germany‹. Die documenta hat uns Weltruf verschafft. Wenn man mich nach dem Woher fragte und Kassel hörte, dann sagte man: Ah, documenta! Man kommt eher aus Sydney und Montreal, um die documenta zu sehen, als aus Wehlheiden und Bettenhausen. Die Stadt scheint moderner zu sein als viele ihrer Bewohner. Vieles ist gegen den Wunsch und gegen den Widerstand der Bürger geworden, wie es jetzt ist: das Fußgängerzentrum, die schwarz-weiße Pflasterung der Königsstraße, die Anlagen auf dem Königsplatz. Für die Beleuchtung ihres Wahrzeichens allerdings haben die Bürger tatkräftig und spendenfreudig selbst gesorgt: der Herkules, Halbgott und Übermensch, mahnt uns nun auch des Nachts als leuchtendes Vorbild zu großen Anstrengungen.

Die alte Neue Galerie! Dorthin gingen wir sonntags nach dem Gottesdienst, geradewegs zu den Niederländern. Der ›Kasseler Apoll‹ galt damals noch als das Glanzstück der kleinen Antikensammlung, marmorn, blank und schön, das Lockenhaupt zur Wand gerichtet, er kehrte seine Blöße noch nicht ungeniert dem Beschauer entgegen.

Als Untersekundanerin schrieb ich einen Hausaufsatz über das Hugenottenviertel, die Obere Neustadt. Ich saß in der Murhardbibliothek, zeichnete Grundrisse und Balkongitter und ›Œils-de-bœuf‹. Kassels schönstes Stadtviertel ist zerstört, der Aufsatz ist verbrannt. Wenn ich heute im Lesesaal sitze, fällt mein Blick wie damals auf den goldenen Bücherwurm, aber mein Blick fällt auch im Sachkatalog auf die Rubrik ›III. Weltkrieg‹, wohlgeordnet hinter Weltkrieg I und II. Das zerstört alle Illusion. Wir sind im Jahr 1968.

In den ersten Jahren hat mich das hessische ›als‹ gestört. Bis ich dann in einem Brief Jacob Grimms las: ›Könnt ich Euch doch als mal besuchen.‹ Jetzt weiß ich, daß es damit seine Richtigkeit hat. Als mal, das heißt immer mal. Es klingt dem Ohr noch nicht angenehm, aber doch ganz vertraut. Längst weiß ich, daß man hier sagt: es ›schickt‹, wenn es genug ist. Unsere Mägen haben sich an Schmandhering und stracke Wurst gewöhnt, nur beim Speckkuchen streiken sie. Ich kenne mich in der Kasseler Art und in der Kasseler Mundart nun schon aus. Die Geschichten von ›Henner und Gußdchen‹ in der ›Hessischen Allgemeinen‹ lese ich, ohne zu stocken. Wir schreiben an unsere Freunde: ›Kassel liegt auf der halben Strecke, wenn Ihr in die Berge oder an die See oder in die DDR fahrt. Wir haben siebzehn Rembrandts! Besucht uns doch als mal!‹ (1968)

Mein Schreibtisch

Die Frage »Warum denn ausgerechnet Kassel?« soll hier nicht erörtert werden, nur soviel: Das Angebot an Natur ist groß, das Angebot an Kultur ausreichend, wichtiger als beides sind die Freunde, die uns hier halten.

Laut Grundbuchamt gehören uns 237 Quadratmeter Nordhessen; die bebaute Fläche schätze ich – die überdachte Südterrasse zugerechnet – auf 85 Quadratmeter. Das scheint mir für zwei freiberufliche Schriftsteller nicht zuviel zu sein. Das Haus wird nie anders als ›das Häuschen‹ genannt, es ist innen etwas größer, als es von außen den Anschein hat; links und rechts hängen, etwas versetzt, die gleichen Häuser daran. Das Viertel nennt sich ›Gartenstadt Auefeld‹ – die Omnibusse der Stadtrundfahrt fahren regelmäßig vorbei, was einem Lob für die Architekten gleichkommt. Keine Garage, kein Auto: wir sind Fußgänger. Doppelfenster zur Straße hin; seither hören wir morgens weder die Vögel singen noch die Glocken läuten, womit wir nicht gerechnet hatten.

Die Arbeitszimmer gehen zum Garten; auch vom Garten kann man nur in der zärtlichen Verkleinerungsform reden: ein Gärtchen, ein grünes Zimmer, von Büschen und Bäumen umgeben, nicht eingezäunt. Wenn ich den Blick vom Schreibtisch hebe, sehe ich blühende Rosen, eine veilchenfarbene Klematis, einen üppig wuchernden Lorbeerstrauch, am Pomeranzenbaum reifen die Früchte zu hessischer Süße. Lavendel sorgt für provenzalische Düfte, zwei Schwarzwaldtannen nähren die Heimatgefühle meines Mannes, der Goldregenbaum wächst in den Himmel. Vor fünf Minuten hat ein Gimpelpärchen in der Vogeltränke ausgiebig gebadet.

Das Gärtchen wird oft gelobt und selten gejätet. Den Nachbarskindern, die auf dem Fußweg hinterm Garten manchmal spielen, wird es nach zehn Minuten langweilig, mit ihnen haben wir mehr Geduld als mit den Nachbarhunden. Ich vermute, daß man Rücksicht auf die beiden Schriftsteller nimmt: Gelegentlich hören wir, daß Kinder mit einem ›Pssst‹ zur Ruhe ermahnt werden.

Mit dem Arbeitszimmer meines Mannes verbindet mich eine doppelte Bücherwand, von ›trennen‹ kann man nicht reden. Kühner behauptet, das Klappern meiner Schreibmaschine störe ihn nicht, aber wenn ich vormittags lange Zeit Briefe schreibe, ruft er: »Fang endlich an zu arbeiten!« Zurufe gehen hin und her, sachliche, die grammatikalische Fragen betreffen, unsachliche, das wohltuend heitere Zusammenleben betreffend. Die Schreibmaschine wird ›Elektra‹ genannt, weil sie elektrisch läuft; wir hadern miteinander, weil sie ungeduldig surrt, wenn mir nichts einfällt, und sich nicht rührt, wenn ich schreiben will und vergessen habe, sie wieder einzuschalten.

Der Schreibtisch, Typ WKS, stammt aus dem Jahr 1953, Afrikanisch-Nußbaum-furniert, Kaufpreis DM 100,-. An ihm wurde bereits der erste Roman geschrieben. Man sieht ihm die vielfache Benutzung an, Gläser und Kaffeetassen haben Ringe hinterlassen. Unter der verstellbaren Schreibplatte stehen griffbereit die nötigsten Nachschlagewerke, vom Sprachbrockhaus bis zum ›Auszug aus der Geschichte‹, dem ›Ploetz‹. An allen vier Wänden Bücher, wohlgeordnet; ich bin eine gelernte Bibliothekarin. Die Bücher der lebenden Schriftsteller habe ich, soweit es sich um Schöne Literatur handelt, von den toten getrennt. Wer gestorben ist, darf am Ende des Jahres in die Nekropole der Klassiker umziehen, einige kommen jedoch ins Souterrain, wo es einen weiteren Arbeitsplatz, ohne Telefon, gibt. Zwischen den Buchregalen hängen die Bilder der malenden Freunde, aber auch eine Ikone: ›Der heilige Nikolaus erscheint Schiffern in Seenot‹, eine Reproduktion, ein Tröstebild. Nebenan hängt eine Ikone, die Kühner als einzige Kriegsbeute aus einem abgebrannten russischen Dorf mitgebracht hat. Ein paar Familienbilder, darunter der Urgroßvater, Hofprediger und Heimatdichter im Thüringischen; neuerdings hängt dort auch eine Graphik von Horst Janssen: Theodor Fontane, dessen ›Enkelin‹ ich sein soll, wie einige der Rezensenten meiner ›Poenichen‹-Romane behauptet haben. Von der Decke schwebt ein handspannengroßer bemalter Zaubervogel herab. Ein kleines schwarzes Sofa, ›Meditiersofa‹ genannt, auf dem ich liege und lese; Sessel für die Besucher, denn dieses Zimmer ist auch das Wohnzimmer, das Fernsehzimmer, das Gästezimmer... Wenn es uns in Kassel zu hessisch-harmlos wird, gehen wir auf Reisen, mieten ein Haus, meist steht es auf einer Insel, die dann später zum Schauplatz eines Buches wird: Ägina, Patmos, Elba, Ischia, Hvar, Juist...

In der Fremde vergeht mir das Lesen und Schreiben; ich kämpfe gegen das Fremdsein an, während Kühner sich nicht irritieren läßt. Mehr als flüchtige Einfälle bringe ich nicht zu Papier. Schreiben, wirklich schreiben, kann ich nur hier an diesem Schreibtisch: WKS, Afrikanisch Nußbaum, Baujahr 1953. (1979)

Totalschaden

21. März, erster Frühlingstag. Anemonen und Primeln auf braunen Winterwiesen, Kätzchen am Waldrand, der erste Schmetterling, die ersten Butterblumen am Bach, die erste Hummel. Felswände, Brücken und Stauseen, Berghänge, die eben noch Skihänge waren, Abgründe, Tannen und Fichten, hoch und dicht wie im Schwarzwald.

Wir fahren von Süd nach Nord. Keine Bahnlinie auf dieser Strecke, keine durchgehenden Buslinien; Individualverkehr. Schwarzer Anzug, schwarzes Kostüm, Partner-Look für den gemeinsamen Auftritt im Festsaal von Königsfeld, letzte Station einer Autoren-Reise.

Schluchsee, Donaueschingen, dann B 33. Die Straße wird breiter, bleibt aber zweispurig, verläuft gerade; der Verkehr nimmt zu, die kleinen und mittleren Betriebe am Osthang des Schwarzwaldes haben Betriebsschluß, Angestellte und Arbeiter pendeln zwischen Wohn- und Arbeitsplatz, das Pendel schlägt im Tempo von 80 bis 100 Stundenkilometern hin und her. Wir halten Abstand, fahren 80. Ein Wagen will uns überholen, ein anderer kommt ihm entgegen, der überholende Wagen schneidet uns, um den Frontalzusammenstoß zu vermeiden, mein Mann reißt das Steuer nach rechts, versucht gegenzusteuern, der Wagen gerät ins Schleudern. Ich sage, was ich vor 15 Jahren in einer Erzählung eine alte sterbende Frau zu ihrem Mann sagen ließ. Letzte Worte. Dann nur noch Masse × Geschwindigkeit × Reibung, Asphalt + Eisenblech = Totalschaden.

Angewandte Mathematik. Der Wagen überschlägt sich mehrfach, bleibt links der Straße auf einem Acker liegen.

Mein Mann ruft nach mir. Ich rufe nach ihm, sehe seinen Kopf, aus dem Blut strömt. Dann müssen wir uns aus den Trümmern herausgearbeitet haben, daran erinnern wir uns später beide nicht. Das Rückfenster liegt weit vom Wrack entfernt. Ich krieche über den Acker, den Mund voll Erde, finde den Verbandkasten, versuche Mullbinden von der Hülle zu befreien, aber der Blutstrom am Kopf meines Mannes ist breiter als die Mullbinden. Ich knie, halte ihn in den Armen, er fragt: Bist du heil, ich sage: Ja. Er wird in meinen Armen verbluten, auf diesem Acker, und er sagt: Ich habe eine Schramme am Kopf. Sein Blut fließt über uns beide, fließt auf die Erde, ein Kreis von Zuschauern um uns, hilflos, mitleidig. Jemand trägt das Gepäck zusammen, das weit verstreut liegt, klopft meinen Hut ab, jemand sagt: Schade um den schönen Hut. Das Blut rinnt, die Zeit rinnt. Sekunden, vielleicht nicht einmal 200 Sekunden, dann fährt ein Streifenwagen der Polizei vorbei, zufällig. Erst das Unglück, dann eine Kette von Glücksfällen: der Streifenwagen, der über Funk ein Sanitätsauto herbeiruft. Wieder vergeht Zeit. Das erste Unfallprotokoll wird aufgenommen, die Wagenpapiere in den Trümmern gesucht, der Führerschein aus der Brieftasche geholt. Sie sind nicht verletzt? Nein, sage ich. Sie haben das Bewußtsein nicht verloren? Nein, sage ich. Mein Mann sagt: Ich muß eine Schramme am Kopf haben, ich blute. Wir schildern den Unfall; machen Angaben über den Wagen, der uns überholt hat: beige, Mittelklasse, ein Mann von etwa fünfzig am Steuer. Das Kennzeichen haben wir nicht erkannt. Die Bremsspuren werden geprüft, nach Augenzeugen wird gefragt. Personalien. Keine Blutprobe. Mein Mann wird auf eine Trage gelegt, ein Sanitäter preßt die Kopfwunde zusammen. Als ich mit leeren Armen auf dem Acker knie, werde ich gewahr, daß ich mich nicht mehr bewegen kann. Eine zweite Trage für mich. Das Gepäck wird in den Sanitätswagen geladen, wieder taucht der Hut auf. Das Autowrack bleibt zurück. Ein Schrotthändler aus Villingen holt es am Abend ab, deckt eine Plane darüber.

Zum ersten Mal in meinem Leben mit Blaulicht und Martinshorn. Die Schmerzen verschlimmern sich, in kurzen Abständen sagt der Sanitäter: Wir sind gleich da. Städtisches Krankenhaus Villingen. Unfallstation. Angaben zur Person. Krankenkasse: privat. Wenig Formalitäten, aber es ist 18 Uhr, Tag- und Nachtwechsel des Klinikpersonals. Der Chefchirurg wird telefonisch verständigt. Man wäscht uns Erde und Blut aus dem Gesicht, von Händen und Beinen, sucht nach offenen Wunden, wäscht das Blut meines Mannes von mir ab, sonst geschieht nichts. Dann der Chef: weißhaarig, rosig, zuversichtlich. Bewegung kommt in die Szene. Ein Blick auf meinen Mann: Operation vorbereiten. Dann ich. Können Sie den Kopf bewegen? Ja. Die Arme? Ja. Die Beine? Ja. Können Sie sich aufrichten? Nein. Können Sie sich drehen? Nein. Er tastet den Rücken ab. Ich stöhne. Röntgen! Pfleger kommen, taxieren meine Länge, mein Gewicht, sie heben mich von Trage zu Trage. Die Krankenhausgänge werden zu Kanälen, Fahrstuhltüren zu Schleusen, ich verliere die Orientierung, komme ans Tageslicht, tauche unter in Lampenlicht. Man hebt mich auf den Röntgentisch, sucht nach Metall an meiner Kleidung, zieht mir den BH aus, bringt den Körper in die richtige Lage. Einatmen, ausatmen, nicht mehr atmen! Ich reagiere noch auf Kommandos, was mich überrascht. Man bringt mich in Seitenlage. Einatmen, ausatmen, nicht mehr atmen! Die Pfleger kommen, ich schlinge wieder meinen Arm um einen Hals, Tragbahre, Fahrbahre, wieder die langen Kanäle, die Schleusen der Fahrstühle, von nun an alles aus der Sicht des Kleinkindes, Köpfe beugen sich über mich, jemand sagt: Unfall! Fahrerflucht! Plötzlich sehe ich meinen Mann. Die Vorgänge treiben uns auseinander und wieder zusammen. Man stellt mich in seiner Nähe ab, wir geben uns Zeichen. Während der Operation starre ich auf seine Schuhe, sie zucken bei jedem Stich. Kein Laut, nur die Anordnungen des Chirurgen, das Klappern des Bestecks, nur Einstich und Ausstich durch die dicke Kopfschwarte, 10 Zentimeter in jeder Richtung, ein Winkel. Der Druckverband wird angelegt, der Kopf wird dicker und dicker, Mund, Nase und Ohren bleiben frei. Zum Schluß wird ein grobmaschiges, elastisches Netz darübergezogen. Tetanusspritze, Impfpaß, Versorgung der offenen Wunde am Bein.

Meine Röntgenbilder werden gebracht. Der Chirurg sieht sie sich an, sieht mich an. Was haben Sie für Glück gehabt! Diagnose: Fraktur am 3. und 4. Querfortsatz der Lendenwirbel, großflächige Hämatome im gesamten Wirbelsäulenbereich. Man gibt mir die erste schmerzlindernde Spritze und ein Kreislaufmittel.

Der Veranstalter der Lesung in Königsfeld muß verständigt werden! Die Kette der Glücksfälle reißt nicht ab. Dr. H., der Veranstalter der Lesung, ist Arzt, leitet ein Sanatorium, die Ärzte kennen einander. Es wird telefoniert. Draußen dunkelt es. Ich liege auf meiner Trage, mein Mann sitzt mit seinem großen weißen Kopf neben mir. Ich sage: Achill! Alle Augen wenden sich mir besorgt zu. Ich wiederhole: Du siehst aus wie Achill aus Troja!

Es wird beschlossen, uns in das Sanatorium in Königsfeld zu bringen. Der Krankenwagen trifft ein, ich wechsle von Trage zu Trage, mein Mann schreitet mit seinem weißen Riesenkopf neben mir her. Wieder mit Blaulicht durch ein Stück Schwarzwald.

Königsfeld. Die Scheinwerfer treffen eine Litfaßsäule, ein gelbes Plakat. ›Christine B. und Otto Heinrich K. lesen aus eigenen Werken!‹ Ich sage: Lesen nicht! Er sagt: Lesen! Ich werde für uns beide lesen, hindere mich nicht, man darf den Veranstalter nicht im Stich lassen. Unfalleuphorie kommt über ihn: Wir leben! Wir sind nicht entstellt, alles wird heilen. Dr. H. legt ihm ein weißes Halstuch über das blutige Hemd. Der Autor nimmt die Mappe mit unseren Büchern, man fährt ihn zum Festsaal. Happening in Königsfeld. Wirklichkeit, Lebensnähe.

Für mich hat man ein Bett im englischen Salon gerichtet, parterre; die Krankenzimmer wären mit der Trage schwer zu erreichen. Der Unfallschock stellt sich erst nach Stunden ein.

Der Körper rebelliert, er ist gekränkt, verletzt und protestiert mit allen Organen. Kreislaufkollaps, am nächsten Tag ein zweiter. Schmerzen, Tränen, Dankbarkeit, Hilflosigkeit. Schnabeltasse mit Tee, Brei, Umschläge, Salben, Spritzen. Der Veranstalter wird wieder zum Arzt, kontrolliert Herz und Blutdruck, kommt bei Tag und Nacht, bleibt, wenn es not tut. Draußen ist strahlender Vorfrühling, die Läden bleiben halb geschlossen. Ich liege in einem Zimmer, in dem Albert Schweitzer einmal gelebt hat, umgeben von jahrhundertealten englischen Möbeln, unter Bildern längst Verstorbener, ich altere, werde vergänglich, zeitlos. Spritzen, Medikamente. Geist und Seele befinden sich in hellem Aufruhr, Halbschlaf, Halbtraum und Alptraum, und immer der weiße überdimensionale Kopf meines Mannes. Wir leben! sagt er. Nebenan spielt der Sohn des Hauses Mozart und öffnet die Tür einen Spalt. Patienten kommen zu uns ins Zimmer, trinken ein Glas Sekt auf unsere Rettung. Fremde schicken Blumen, kleine Geschenke.

Im ›Schwarzwaldboten‹ erscheint eine Notiz, die man mir nicht zeigt. Acht Zeilen, mehr nicht. Ich sage ›danke‹, manchmal auch ›bitte‹, versuche zu lächeln, weine statt dessen, weine vor Leben. Fünf Tage vergehen, betäubt von Schmerzen und schmerzbetäubenden Mitteln. Aus dem Arzt wird ein Freund. Nichts als Freundlichkeit um uns, eine Welle der Anteilnahme hat uns erfaßt, trägt uns. Über Wochen, noch jetzt.

In der letzten Nacht tritt Dr. H. an mein Bett und sagt: Wer in diesem Haus gesund geworden ist, hat einen Baum gepflanzt. Er nimmt mich bei der Hand, geht mit mir über eine Wiese, zeigt mir einen Wald von Föhren, die in den Himmel gewachsen sind, und stellt sie mir einzeln vor. Dies ist Albert Schweitzer, sagt er, und dies Oswald von Nostiz und dies Robert Minder. Ein Wald voller gesunder Bäume... Und dann steht er wirklich vor meinem Bett, gibt mir eine Spritze mit Langzeitwirkung, draußen wartet der Rotkreuz-Transportwagen. Ich trage immer noch mein rotes

Spitzennachthemd, das inzwischen steif ist von Salben. Krankenpapiere, die Rolle mit den Röntgenbildern, Ratschläge, Notfallmedikamente, der Cellophansack mit unserer blutigen Garderobe, Blumen und Geschenke. Die Fahrer taxieren meine Länge und mein Gewicht, ich bereue beides. 170 Zentimeter, 62 Kilo, falls die Geschwülste nicht das Gewicht erhöhen.

Man schnallt mich auf meinem Vacuumbett fest. Der Wagen ist mit Sauerstoffgerät und Klimaanlage ausgestattet, die Fenster sind aus Milchglas, nur oben, in Augenhöhe, ein 20 cm breiter Streifen, durch den ich am Verkehr teilhaben kann. Umarmungen, Winken, Abschied.

Gutachtal, Kinzigtal: Schwarzwaldhöhen und -täler, Schwarzwaldhäuser, Schwarzwaldmühlen, Schwarzwaldstraßen mit weiten Kehren und engen Kehren, Ortsdurchfahrten. Ich hänge am Haltegriff, rückwärts, kopfunter.

Dann Autobahn Richtung Frankfurt. Wieder ein strahlender Frühlingstag, es ist Samstag. Tausende von Autofahrern wollen wissen, wer in diesem Rotkreuzwagen liegt. Erst wenn sie das Entsetzen in meinen Augen gesehen haben, sind sie befriedigt und überholen, machen dem nächsten Platz. Fahrbahnwechsel, schlechte Fahrstrecke, Überholverbot, Baustellen – alles wird von meiner Wirbelsäule und meinen Nerven registriert. Nach sieben Fahrstunden halten wir vor dem Diakonissenhaus in K., Chirurgische Abteilung.

Zweiter Klasse, Einbettzimmer. Ich liege auf einem Brett. Wenn ich den Blick hebe, fällt er auf den Wandspruch ›Der Herr ist mein Hirte, mir wird nichts mangeln.‹ Aber es mangelt mir an Zuversicht, an Geduld, an Nachsicht, manchmal auch nur an einer Wärmflasche. Der Chefarzt betrachtet die Röntgenbilder und sagt: Erstaunlich! Was haben Sie für ein Glück gehabt! Mit Hammer und Meißel könnte ich diese Querfortsätze kaum abschlagen. Mein Körper wird vorgezeigt und bestaunt. Prellungen, Schwellungen in sämtlichen Farben an sämtlichen Gliedmaßen. Ich werde gewaschen, gebettet, gefüttert, gekämmt. Ich werde mir fremd, seit mein

Körper von fremden Händen gehandhabt wird, er reagiert unberechenbar, schwach oder heftig.

Sie treten als Ärzte, Schwestern, Pfleger, Putzfrauen, Besucher und Pfarrer an mein Bett und verwandeln sich sogleich in Autofahrer: Wie ist denn das passiert? Die einen sagen: Was haben Sie für Glück (in Abwandlung: Schwein oder Dusel) gehabt. Die anderen: Was haben Sie für ein Pech gehabt! Sie sagen: Vollbremsung riskiere ich nie! – Hatten Sie noch Spikes drauf? – Instinktiv reißt man das Steuer 'rum. – Drauffahren, einfach drauffahren! – Sicherheitsgurte! Alle sind sich einig: Man hat zu wenig Unfallpraxis. Man weiß nicht, wie man in der Schrecksekunde reagiert. Sie reden von Vorfahrt, Straßenverkehrsordnung und Fahrermoral. Der Pfarrer sagt: Da hat Gott seine Hand über Sie gehalten. Ich verbessere ihn: beide. Er sieht mich fragend an, ich sage es deutlicher: beide Hände.

Unsere Rettung geht zurück in die Erdgeschichte. Auffaltung des Schwarzwalds im Tertiär, Einsturz des Rheintals. Aber an der Unfallstelle keine Felswand, kein Steilhang, kein Stausee, nicht einmal eine einzige Schwarzwaldtanne, sondern ein Acker, ein Sturzacker! sage ich. Wie die Unglücksraben hockten wir in unsren schwarzen Sachen auf dem Acker –.

Denken Sie nicht mehr daran! befiehlt man mir, in einem halben Jahr haben Sie das alles vergessen, kriegen Sie nur kein Auto-Trauma, setzen Sie sich gleich wieder ins Auto! Man bringt Blumen, Mitgefühl, frische Nachthemden und berichtet von einer Cousine, die seit sechs Monaten in Gips liegt, mit Wirbelsäulenfraktur, von einem Querschnittgelähmten, der mit Hilfe eines Stöckchens, zwischen die Zähne geklemmt, Schreibmaschine schreibt.

Die Schmerzen lassen nach, die Prellungen ändern die Farbe, die Schwellungen gehen zurück, aber ich falle bei Tag und Nacht in Träume, aus denen ich schwer zurückfinde. Mein Schwager veranstaltet eine Führung durch sein Haus, ich befinde mich unter den Besuchern, er öffnet eine Tür, sagt: ... Und dies ist das Sterbezimmer meines Bruders und meiner Schwägerin.

Karwoche. Im Rundfunk scheint man Wagner für einen Karwochen-Komponisten zu halten. Ich suche im Kofferradio nach Mozart, Haydn, Brahms. Am wohltätigsten sind Flötenkonzerte. Im Gottesdienst wird für die Verkehrstoten und Verletzten gebetet. Ich weine, weil ich dazugehöre. Ich habe innere Verletzungen davongetragen, über die ich nur mit einem sprechen kann. Mein Mann nimmt die Baskenmütze nicht mehr ab, damit die Kopfwunde, deren Fäden inzwischen gezogen wurden, mich nicht erschreckt; aber ich behalte das Bild vor Augen: sein blutüberströmter Kopf in meinen Armen, und er sagt: Ich höre noch immer deine letzten Worte. Man bringt mir die Beileidsbriefe, in denen steht: ›Ein Autounfall gehört zum Erfahrungsbereich des modernen Menschen, er erweitert sein Bewußtsein.‹

Ich schlage den Schwestern und den Besuchern vor, mir zu Ostern die Füße zu waschen – die Füße werden selbst von den freundlichsten Nachtschwestern nicht gewaschen. Zum Passahfest! sage ich. Jemand reibt sie mir mit Kölnisch Wasser ab. Ich lerne es, mir die Zähne zu putzen, ohne den Körper dabei zu bewegen. Wenn man mir hilft, kann ich auf dem Bettrand sitzen und kann durch die Terrassentür sehen: Der Frühling hat sich zurückgezogen, an der Akazie rascheln die Schoten des Vorjahres. Auf meinem Tisch stehen zeitlose Treibhausblumen, Erdbeeren aus Israel, Heidehonig und Sekt. Verwöhnung. Die Schwestern sind schwesterlich, die Freunde freundlich, die Pfleger pfleglich, alle machen ihrem Namen Ehre. Manchmal denke ich an den, der so brutal in unser Leben eingegriffen hat, der mein Mörder, gewiß aber mein fahrlässiger Töter hätte werden können, der unbekümmert weitergefahren ist. Oder bekümmert –? Ich weiß es nicht. Sie Pechvogel! sagt jemand. Ich versuche zu erklären, zu missionieren, sage: Gott ist nicht für den Verbrennungsmotor zuständig! Er ist nicht für die Fahrweise der Verkehrsteilnehmer zuständig! Aber er kann das Opfer bewahren ...

Wenn Sie es so ansehen! Man ist nachsichtig mit mir, will mich nicht aufregen, morgens, mittags, abends gibt man mir Beruhigungsmittel. Ich döse, lese zwei Wochen lang an einer alten Rundfunkzeitung.

Jemand hat es nachgezählt: In meinen Büchern gäbe es mindestens fünf Verkehrsunfälle mit insgesamt vier Toten, fünf Verletzten, zwei Totalschäden. ›Sie scheinen auf diesen Unfall buchstäblich zugesteuert zu sein, seit Jahren! Einmal schreiben Sie über den Verkehrstod: »Das sind rituelle Opfer, die der Technik gebracht werden müssen; wie bei den Primitiven: Tieropfer und Menschenopfer. Mit einem Computer könnte man die Zahl errechnen. Damit soundso viele Menschen sich schnell fortbewegen können, müssen soundso viele getötet werden. Von Schuld im religiösen Sinn kann nicht mehr die Rede sein...«‹

Fünf Wochen nach dem Unfall erhalten wir eine Vorladung der Verkehrsüberwachung des zuständigen Polizeipräsidiums zwecks Zeugenaussage in eigener Sache. Man gestattet mir, meine Aussage schriftlich zu machen, und empfiehlt den Schlußsatz: ›Ich behalte mir vor, Strafanzeige gegen Unbekannt zu erstatten.‹

Bald ist Pfingsten. Ich bin wieder zu Hause. Im Garten blüht der Flieder. Ich lerne zu gehen, zu sitzen, zu schreiben. Massagen, Gymnastik, Bäder, Einreibungen. Die Freunde bringen Fertig- und Halbfertiggerichte, sorgen für die Wäsche, putzen das Haus, erledigen die Korrespondenz. Freunde in der Not. Die Arztkosten haben inzwischen die 6000-Mark-Grenze überschritten, wir legen die Rechnungen auf die Briefwaage. Ich las im ›Steppenwolf‹: ›Bei jeder solchen Erschütterung meines Lebens hatte ich am Ende irgend etwas gewonnen, das war nicht zu leugnen, etwas an Freiheit, an Geist, an Tiefe, aber auch an Einsamkeit, an Unverstandensein, an Erkältung.‹ Ich zähle dieses zweite, neugeschenkte Leben nach Wochen und Tagen. (1973)

Die Entstehung der ›Poenichen‹-Romane

So fing es an: Im März 1972, auf dem Weg zu einer Autoren-Lesung, verunglückten mein Mann und ich mit dem Auto auf der B 33 im Hochschwarzwald. Totalschaden. Aber wir blieben am Leben, wie durch ein Wunder. Noch heute stellt das Datum des Unfalls einen Lebensabschnitt dar: vor dem Unfall, nach dem Unfall. Etwas war anders geworden, ein starkes Lebensgefühl hatte mich, nachdem ich aus der Todesnähe zurückgekehrt war, erfaßt. Es mußte sich lohnen, daß ich weiterlebte. Und ich wollte leben. Das bedeutete in meinem Fall: Ich wollte weiterschreiben. Etwas von dem neuen warmen Lebensgefühl ist wohl in die ›Poenichen‹-Romane eingeströmt.

Im Sommer 1972 machte ich, gestützt von meinem Mann, die ersten Gehversuche; bei einem solchen Spaziergang im Habichtswald, auf einem Weg, den wir seither den ›Meditierweg‹ nennen, entwickelte ich ihm mein Vorhaben. Die Odyssee einer Frau in unserem Jahrhundert. Eine Simplizia Simplizissima. Eine Frau in Krieg und Frieden. Sie sollte aus dem Osten stammen, aus ihrer Heimat vertrieben werden und fortan eine Heimatlose und Ruhelose bleiben... Kühner begriff meine Absicht und hieß sie gut. »Es wird Zeit, daß jemand das schreibt!« Wir setzten uns auf einen Baumstamm und planten miteinander. Dann beschlossen wir, an dieser Stelle, falls das Buch ein Erfolg werden sollte, ein Fest zu feiern.

Es sollte ein heiterer Roman werden. Ich wollte kein Heldenepos schreiben und auch keine Flüchtlingselegie. Ich hatte mir ein privates Schicksal vorgenommen, aber ›private

Schicksale‹ scheint es in unserem Jahrhundert nicht zu geben. Es ist ein Kapitel deutscher Geschichte am Beispiel einer Adelsfamilie aus Pommern geworden. Die Besiedlung ist durch den Adel erfolgt, die Entsiedlung hat die alten Adelsgeschlechter mehr getroffen als die Landarbeiterfamilien, die heute – sagen wir in Leverkusen – Reihenhäuser und Autos besitzen, denen es bessergeht als vor der Vertreibung, als je zuvor.

Meine Studien gingen zurück bis in die Endmoränenzeit. Ich mußte mich, da der erste Teil des Romans auf einem pommerschen Gutshof spielt, um Dinge der Landwirtschaft kümmern, um die Kolonisation des Ostens, an der die Quindts beteiligt waren. Pommersche Geschichte, pommersches Platt, pommersche Gerichte; Meßtischblätter, Bismarckbriefe, Bildbände über die Berliner Olympiade; Studien über Ahnenforschung und Vererbungslehre – der Mann, der sich die sechzehnjährige Heldin als Frau wählte, arbeitete im Reichssippenamt. Noch einmal beschäftigte ich mich ausgiebig mit der Ideologie des Dritten Reiches, deren Folge die Teilung Deutschlands war. Vertriebenenpolitik und Ostpolitik, um die ich mich vorher kaum gekümmert hatte, da sie mich nicht persönlich betrafen. Monatelange Vorarbeiten, bis ich dann endlich den ersten Satz schrieb: ›Vor wenigen Minuten wurde auf Poenichen ein Kind geboren...‹

Die erste Fassung eines neuen Buches schreibe ich auf die Rückseite des vorigen, also schrieb ich auf die Fahnenabzüge der ›Überlebensgeschichten‹, die 1973 erschienen waren. Die Quindts aus Poenichen erhielten bei uns vollen Familienanschluß; es wurde über sie wie über nahe Verwandte gesprochen. Da ich nie einen Großvater gekannt habe, erfand ich mir einen: den alten Baron Quindt. Der Zustand äußerster Konzentration, verbunden mit lästiger Zerstreutheit, war erreicht. Ich legte die Seife in den Kühlschrank, die Handschuhe ins Brotfach und fühlte mich wie Prometheus. Ich erschuf eine ganze Welt, die Welt von Poenichen in Hinterpommern. Alles geschah nach meinem Willen. Scheinbar. In Wahrheit sind die Möglichkeiten des Autors begrenzt. Wenn er seine Heldin 1918 in Hinterpommern zur Welt kommen läßt, ist ihr Schicksal weitgehend festgelegt. Außerdem hörten meine Figuren bald auf, sich an meine Regie zu halten, sie emanzipierten sich. Meine Heldin bekam ein Kind nach dem anderen, was ich nicht vorgesehen hatte, was aber dem Geist der Zeit und der Ideologie ihres Mannes entsprach, der den künftigen deutschen Ostraum mit Quints bevölkern wollte.

›Da ist doch vieles biographisch‹, sagten später die Kritiker und die Leser. ›Nur jemand, der selbst aus der Heimat vertrieben wurde, kann das Schicksal der Deutschen aus dem Osten wirklich verstehen!‹ Aber ich bin keine gebürtige Pommerin, allenfalls eine erschriebene. Fünf Jahre lang habe ich das Schicksal der Heimatvertriebenen freiwillig zu dem meinen gemacht. Ich habe es mir zu Herzen genommen, es ist mir an die Nieren gegangen, buchstäblich. Als ich Maximiliane, geborene Quindt, die 1945 mit ihren vier kleinen Kindern aus Pommern flüchten mußte, endlich heil aus der unmittelbaren Frontnähe herausgebracht hatte – die Vergewaltigung durch einen kirgisischen Soldaten hatte ich ihr nicht ersparen können –, wurde ich krank; an Herz und Nieren. Ich gab mich geschlagen, fühlte mich meinem Projekt nicht gewachsen und beschloß, alle Mappen zu verbrennen. Kühner nahm sie an sich und rettete sie. »Andere werden krank geschrieben, ich schreibe mich selber krank«, sagte ich. Die Ironie des Buches drang in unser Privatleben ein. Im freien Beruf erhält man keinen Krankenschein, der berechtigt, im Bett zu liegen; daran muß es wohl liegen, daß wir immer rasch wieder auf die Beine und an den Schreibtisch kommen. Kühner riet zu einer Mutprobe. Bangen Herzens las ich vor der ›Goethe Gesellschaft Kassel‹ das erste Kapitel des Manuskripts. Ich erhielt Zustimmung und Lob. ›Endlich heitere, wenn auch ironische Töne bei der Brückner‹, hieß es. Der Tag dieser Lesung war mein Geburtstag; es schien mir natürlich, den Abend mit denen zu verbringen, die einen so wichtigen Platz in meinem Leben einnehmen: den Lesern.

In jenem Winter lasen wir uns abends Fontanes Briefe an seine Frau vor. ›Durch mein offenstehendes Fenster strömt der hier, und auch wo anders, ständige Mischgeruch von Jauche und Levkojen ein, erstrer prävalirend, und giebt ein Bild aller Dinge. Das Leben ist nicht blos ein Levkojengarten.‹ Ich hatte das Motto gefunden und den Titel, den ich mir auch von skeptischen Verlagsvertretern nicht ausreden ließ. Vorsorglich säte ich in unserm Gärtchen Levkojensamen aus . . .

Zum selben Zeitpunkt schloß Kühner ebenfalls einen Roman ab. ›Lebenslauf eines Ungeborenen‹, literarisch interessanter, aber spröder, weniger liebenswürdig als meine Bücher über Poenichen. Ein weiteres Mal erwies sich unsere Autorengemeinschaft als krisenfest; einer ist nicht des anderen Konkurrent, wohl aber sein erster kritischer Leser. In guten und schlechten Jahren heißt unsere Lebensdevise ›bescheiden und frei‹. Vorerst waren noch schlechte Zeiten, es mußte, zum Broterwerb, vieles andere nebenher geschrieben werden. Aufsätze, Buchkritiken, ein kleiner Roman mit linker Hand, Texte zu Bilderbüchern, dazu Buchführung und Steuererklärung, Korrespondenz. Schriftstelleralltag, aus dem ich dann zur Belohnung nach Poenichen zurückkehren durfte.

Der erste Band wurde zum selbstgestellten Termin fertig; Kühner, erfahrener Lektor, redigierte das Manuskript gründlich, und dann trug ich es zur Post. Der Verleger gab sich optimistisch und prophezeite eine Auflage von 15 000. Ferngespräche, Eilboten, Korrekturlesen, Klappentext, Buchumschlag – aufregende Wochen, dann trafen die ersten Autoren-Exemplare ein. Ich schrieb Widmungen hinein, verpackte die Bücher, schickte sie an Freunde. Glückliche Tage! Sehr bald trafen Freundeslob und, überraschend schnell, auch Kritikerlob ein. ›Eine Enkelin Fontanes‹, hieß es in einer Rezension. Weitere Auflagen wurden gedruckt, wir feierten das geplante Fest im Habichtswald an unserem Meditierweg, hängten Lampions an die Zweige der Buchen, aßen Poenicher Wildpastete, tranken den Schnaps ›zweietagig‹, wie man es in Pommern tat, sangen Löns-Lieder, wie Maximiliane von Quindt.

Und dann erschien ›Jauche und Levkojen‹, vorerst noch ganz unten, auf den Bestseller-Listen, die ich bisher verachtet hatte. Sogleich änderte ich meine Einstellung. Immerhin standen die Namen von Peter Handke und Max Frisch ganz in der Nähe!

Ich hätte nun, bestärkt durch den Erfolg des ersten Teils, in Ruhe und Sicherheit den zweiten Teil schreiben können, die Mappen waren mit Notizen gefüllt, Bücher zum Nachschlagen standen bereit. Aber Ruhe und Sicherheit scheint es für den Schriftsteller nicht zu geben. Die gleichen Anfangsschwierigkeiten wie bei jedem neuen Roman. Es mußte für die Zeit nach 1945 ein neuer Ton und ein anderes Tempo gefunden werden.

Im Juni 1976 reiste ich stellvertretend für meine inzwischen fast sechzigjährige Heldin mit Kühner ins polnische Pommern und begab mich auf die Suche nach dem verlorenen Poenichen. Wir gingen auf sandigen Waldwegen, ich zog die Schuhe aus, lief barfuß wie Maximiliane, dieses Naturkind, und sang Löns-Lieder. Wir verliebten uns beide in das sommerliche Pommern. Ich sah das Herrenhaus meines Onkels wieder, das mir als Vorbild für Poenichen gedient hatte, drei bemooste Säulenstümpfe als Beweis; dort hatte ich als junges Mädchen Ferien vom Krieg gemacht.

Ein Pole übersetzte den erfundenen Ortsnamen Poenichen in Peniczyn. Mit dem Blick auf dieses Wiedersehen mit der verlorenen Heimat wurden beide Bücher geschrieben, jedes Kapitel, jeder Satz. Wenn Quindt erklärt, daß er der erste Quindt zu sein gedenke, der nicht auf dem Schlachtfeld und nicht bei einem Jagdunfall ums Leben kommt, soll der Leser das Ende Pommerns vor Augen haben; wenn Maximilianes Mutter in zweiter Ehe einen jüdischen Arzt heiratet, dann erschrickt der Leser, weil er weiß, was geschehen wird.

Der Abschluß eines Romans gleicht jedesmal einem Räumungsverkauf. Ich war erleichtert und elend zugleich. Wie würde es den Quindts fortan ergehen? Wie würden die Kritiker, die für Geld Bücher lesen, wie würden die Vertriebenen aus dem Osten, wie würden ›meine‹ Leser den Roman aufnehmen?

Inzwischen ist einige Zeit vergangen. Die Bücher haben jahrelang auf den Bestseller-Listen gestanden, ohne jeglichen Werbeaufwand des Verlags; ich gelte nun als eine Bestseller-Autorin, ein Wort, dem etwas Schimpfliches anhaftet. Die Romane sind für eine Fernseh-Serie verfilmt worden. Ein Millionenprojekt, für das ich nicht zuständig bin, für das ich mich trotzdem verantwortlich fühle. Hohe Auflagen in den Buchgemeinschaften, eine Kurzfassung in ›Reader's Digest‹; Tageszeitungen haben die beiden Bücher in Tagesportionen nachgedruckt; ich werde mehr als früher zu ›Lesungen‹ eingeladen. Bei manchen Anlässen überreicht man mir einen Levkojenstrauß. Mittlerweile weiß ich, daß man in Pommern ›Levkeujen‹ sagte, weiß auch, wie rasch Levkojen welken, wie bald ihr kräftiger Duft in Jaucheruch übergeht, eine Erfahrung, die wohl auch Fontane gemacht hat.

(1981)

Der Gegenbesuch

Manchmal, nicht oft genug, fahre ich dorthin, wo meine Eltern weiterleben, nach zwanzigjähriger Trennung wieder zusammen, auf dem Friedhof am Waldrand, mit dem Blick auf das Dorf, in dem sie mehr als drei Jahrzehnte gewirkt haben. Wer über den Friedhof geht und am Grab vorüberkommt, wird wohl einmal stehenbleiben und sagen oder denken: Unser alter Pastor! Die Frau Pastor! Eine Berufsbezeichnung steht nicht auf dem Kreuz, nur Namen und Daten und ein Code aus den Psalmen, wer weiß das schon: Psalm 119, 76: Deine Gnade müsse mein Trost sein. Meine Mutter hat den Spruch für ihren Mann ausgesucht, sie wird wohl auch an sich selbst gedacht haben, für die der Spruch eines Tages ebenfalls gelten mußte.

Die beiden Rosensträucher – *rosa centifolia* –, rechts und links vom Kreuz, sind eingegangen, es ist windig und kalt auf diesem Friedhof, kein Platz für Rosen. Efeu überwuchert beide Gräber, macht sie zu einem. Wer liegt links? Wer rechts? Sie liegen dort nicht als Vater und Mutter, nicht als Mann und Frau, sondern als Eltern, in erster Linie aber als das, was sie waren, oder, vorsichtiger ausgedrückt, was sie sich vorgenommen hatten zu leben: Pfarrersleute.

Ich habe oft versucht, mich ihnen schreibend zu nähern, mich schreibend von ihnen zu entfernen. Sie sind meiner Kritik ausgesetzt, Eltern sind das immer, und immer wehrlos, alle Fehler stammen von ihnen, vererbt oder anerzogen.

Und nun denke ich mir aus, sie machten ihrer Tochter einen Gegenbesuch. Es sind doch nur 50 Kilometer. Nur für ein paar Stunden, eine Kaffee-Einladung, sie sähen sich bei mir um, sähen sich den Mann einmal an, den ich in zweiter Ehe geheiratet habe, den sie nicht kennen, gingen in unseren kleinen Garten, der ein wenig verwildert ist.

Würden sie ein Bild vermissen, ein Foto an der Wand oder auf dem Schreibtisch? Die Fotos sind eingeklebt, ich könnte das Album vorzeigen, zwei Seiten: die Eltern vorm Pfarrhaus, jung verheiratet; mit den Töchtern im Pfarrgarten, ein Familienbild. Ein einziges Bild, als sie schon alt waren, Anfang des Krieges auf dem Balkon des Hauses, das sie sich gebaut hatten. Ich betrachte die Bilder, unkritisch, liebevoll, und fange an, mich auf den Besuch zu freuen.

Ich würde einen ›Frankfurter Kranz‹ backen, das traue ich mir zu, bei festlichen Anlässen gab es im Pfarrhaus einen ›Frankfurter Kranz‹, mit Buttercreme gefüllt, mit Krokant verziert. An eine Bismarckeiche traue ich mich nicht heran. Wie wurde die borkige Rinde hergestellt? Wie das grüne Moos auf den Zweigen? Aus Pistazien – wie kamen Pistazien ins Dorf, in den zwanziger Jahren? Würden wir über Pistazien reden? Ich habe viele Wochen auf einer griechischen Insel gelebt, das Haus stand in einem Garten, Pistazienbäume wuchsen dort. Meine Mutter würde sehnsüchtige Augen bekommen, sie wäre so gern gereist; der Vater verließ sein Dorf nicht gern, und die Zeiten waren ja auch nicht danach. Und später, als sie alt geworden war und bei mir lebte, habe ich ihr die gemeinsame Reise verweigert. Elf Monate des Jahres, war das nicht ausreichend? Die Ferien brauchte ich für mich. In meiner Erinnerung geht die Rechnung nicht auf, die Reisen bin ich ihr schuldig geblieben. Das Gespräch über Pistazien müssen wir vermeiden.

Worüber sollten wir reden? Gespräche über Politik wurden in Gegenwart der Töchter vermieden; im Dritten Reich wurde mehr geschwiegen als geredet. Würden sie fragen, ob meine Zukunft gesichert sei? Darum haben sie sich gesorgt, aus diesem Grund haben sie unter Opfern ein Haus gebaut, das nach wenigen Jahren bei einem Luftangriff total zerstört worden ist. Über Geld sprach man nicht. Wir können doch bei dieser einmaligen Gelegenheit nicht über das Wetter reden, auch nicht über Krankheiten, Krankheiten werden sie nicht mehr interessieren. Ich werde sie um Auskunft bitten. Wo kommt ihr her? werde ich fragen. Und sie werden schweigen, und meine Mutter wird aussehen, als ob sie sagen möchte, was sie so oft gesagt hat, als ich ein Kind war: Darüber spricht man nicht!

Idee-Kaffee für meine Mutter, das darf ich nicht vergessen, sie hat einen empfindlichen Magen. Hat sie je vom ›Frankfurter Kranz‹ ein Stück gegessen? Hat sie nicht immer nur ein paar Biskuit-Kekse, selbstgebacken, zu sich genommen? Ich werde mich auf Biskuit-Kekse einrichten. Ob es die Zigarrenmarke noch gibt? Deli Sandblatt, unsortiert. Darf man hier rauchen? Und ich würde zu meinem Vater sagen: Du darfst!

Ich würde mich ein wenig zurechtmachen. Meine Mutter war auch im Alter noch eine schöne Frau, konkurrieren kann ich nicht, will ich auch nicht. Daß ich die Zöpfe ohne Erlaubnis hatte abschneiden lassen, hat mein Vater noch erlebt. Ganz ohne Lippenstift geht es nicht. Meine Mutter wird es wahrnehmen und sich nicht dazu äußern.

Mein Schreibtisch muß aufgeräumt werden! Meine Mutter hat mich zur Ordnung ermahnt, nicht erzogen, das ist ihr nicht gelungen. Der Schreibtisch meines Vaters war mit Schriften bedeckt, und rechts und links von seinem Sessel türmten sich Bücher, das hat sie respektiert, würde sie das bei ihrer Tochter ebenfalls respektieren?

Wie alt sind sie jetzt? 118 Jahre alt der Vater, 106 Jahre die Mutter, Hundertjährige reisen nicht, sie würden als Sechzigjährige kommen, wie ich sie gekannt habe. Wir müßten uns wie Gleichaltrige verhalten.

Ob sie gern Enkelkinder gehabt hätten? Davon war nie die Rede. Nicht bei meinem Vater, der gestorben ist, als ich siebzehn war, nicht bei meiner Mutter, die die Scheidung meiner ersten Ehe noch erlebt hat, achtzigjährig, kurz vor ihrem Tod. Hätte ich ihr das ersparen müssen? Aber sie wollte mich doch glücklich sehen. Jetzt sieht sie es.

Das Cembalo! Mein Vater würde über das schöne Instrument beglückt sein, er würde ein paar Takte anschlagen, noch vor dem Kaffeetrinken, vor Tisch setzte er sich immer gern ans Klavier, er spielte Chopin, Mendelssohn, daran erinnere ich mich. Mein Mann würde ein kleines Stück von Bach spielen, oder Mozart. Die Männer würden rasch Gefallen aneinander finden, daran zweifle ich nicht. Du hast das Klavierspiel aufgegeben? Er wird die Frage ohne Tadel stellen. Meine Mutter hatte eine schöne Singstimme, es wurde im Pfarrhaus und in der Kirche viel musiziert, warum habt ihr mir die Musikalität nicht vererbt? Keine Vorwürfe, auch von meiner Seite aus nicht.

Ein Rosenstrauß für den Kaffeetisch! Beide liebten sie Rosen, aber zu groß dürfte er nicht sein, sie haben mich zur Bescheidenheit erzogen, Bescheidenheit als Tugend. Meine Mutter wird vermutlich nicht sagen: Sitz gerade! Aber ihren Blick würde ich verstehen und mich aufrichten und mich anlehnen. Ob wir einvernehmlich lächeln würden? Mein Vater würde sehen, daß ich noch immer Sommersprossen habe, die er mir vererbt hat. Wir würden uns an die ›Südwester‹ erinnern, die er mir gekauft hat, um mich vor der Sonne zu schützen. ›Fliegenschittnäsken‹ sagte man im Dorf. Niemand kann mich vor der Sonne schützen! Im Sommer sind die Zwischenräume braun, dann sieht man die Sommersprossen weniger, werde ich sagen. Ich bin doch ganz gut durchgekommen, trotz der Sommersprossen, trotz der schlechten Haltung, trotz der Unordnung.

Mögt ihr einen Cognac? Ich habe einen Remi Martin. Oder lieber einen trockenen Sherry? Hätte ich Madeira besorgen sollen? Mein Vater im Gehrock? Oder im Stresemann? Im Sommer trug er oft eine leichte Jacke, die wir ›Lüsterjäckchen‹ nannten. Ich vermute, daß er in einem grauen Flanellanzug kommen wird. Mein Mann, in der ungewohnten Rolle eines Schwiegersohns, wird graue Flanellhosen tragen und einen grauen Kaschmirpullover, die Männer fangen an, sich ähnlich zu sehen, auch der Bartschnitt stimmt.

Meine Mutter war immer eine elegante Frau, erst kürzlich hat man mir das im Dorf bestätigt, ›so tüchtig und so elegant!‹ Sie war eine emanzipierte Frau, wahrscheinlich würde sie eine Hemdbluse mit passender Krawatte tragen, die grauen Haare kurz geschnitten.

Im Laufe des Nachmittags würden die beiden an den Buchregalen entlanggehen und ein paar Titel lesen. Sie würden die Konkordanz entdecken, die noch von meiner Mutter stammt, auch ihre Bibel steht da, mehrere Bibeln in verschiedenen Übersetzungen, der ›Kleine Schott‹ gleich daneben und auch der Koran. Schriftsteller benutzen die Heilige Schrift wie andere Schriften, darüber würde man nicht reden müssen, aber worüber sollten wir denn reden? Vielleicht werden sie fragen, was andere Besucher auch fragen: Woran schreibst du denn jetzt? Würden sie mich bitten: Laß uns doch endlich in Ruhe! Und: Das ist nicht richtig, was du da geschrieben hast. Wird meine Mutter sich rechtfertigen: Ich habe nicht verlangt, daß man mir die Spargelköpfe gab, man hat sie mir aufgenötigt.

Wenn sie mich doch ein wenig loben möchten! Wenn sie doch sagten, daß ihnen mein Mann gefällt.

Warum habe ich ihnen nie ein Buch gewidmet, das muß sie doch kränken. Wenigstens diese paar Zeilen könnte ich ihnen widmen.

In den Lebenserinnerungen, die mein Vater kurz vor seinem Tod geschrieben hat, stehen nur wenige Zeilen über mich. Das Theaterstück, das ich für eine Schulaufführung geschrieben hatte, als Fünfzehnjährige, hat er gelobt. ›Sie hat geglänzt!‹ schreibt er, ich habe es nachgelesen. Wichtiger war ihm, daß mich ein Mann eines Tages zum Altar führen möge, und nun haben sich zwei Männer gefunden, die mich zum Altar geführt haben. Würde er es über sich bringen zu lachen? Die Lust am pointierten Erzählen hat er mir vererbt. Andere über die eigenen Schwächen lachen machen. Aber bei so ernsten Dingen, beim Sakrament der Ehe? Hat er sich nicht immer gesorgt, daß es mir am nötigen Ernst fehlte? Was würde er über seine erwachsene Tochter schreiben? Wie ist das, mich als Tochter zu haben? Und was würde meine Mutter über mich sagen, die kritischer war als mein gütiger Vater?

Ich werde zu schnell sprechen, ich werde sie unterhalten wollen, sie sollen sich doch nicht langweilen. Ich werde alles aufzählen, woran ich mich noch erinnere. ›Herr Pastor, Sie müssen das Ei essen, solange es warm ist!‹ Ich habe nie gewußt, welches Gebet vor dem Essen und welches nach dem Essen dran war, ich habe Angst gehabt und mich geschämt, wißt ihr das überhaupt? Ihr wart so weit über mir, so weit weg, und ich war so klein, ihr wolltet mich immer größer machen, als ich war.

Nein, keine Vorwürfe. ›Blamiert mich nicht!‹ So hat meine Mutter mich erzogen. Ich würde eine liebenswürdige Gastgeberin sein, ich würde es recht machen wollen. Wie soll ich euch denn anreden? Vati und Mutti, das ist doch unmöglich. Wenn ich über euch schreibe, ist die Anrede geklärt. Vater und Mutter, in dieser Reihenfolge, die üblich ist. Sollte ich euch beim Namen nennen, wie man das heute tut, Carl und Tilla? Und ihr? Wie wollt ihr mich denn anreden? Den Tauf- und Rufnamen, den ihr mir gegeben habt, habe ich eigenmächtig abgeändert.

Werde ich euch beim Abschied in die Arme schließen? Oder werde ich euch so flüchtig küssen, wie ich das bei anderen Besuchern tue, für einen Augenblick Wange an Wange? Und dann werdet ihr weggehen und nicht einmal sagen: Besuch uns bald einmal wieder! Ihr werdet kleiner werden, ich blicke euch nach, ich weiß, wohin ihr jetzt geht, an euren Platz am Waldrand, unter das Kreuz aus dunklem Granit, unter das Psalmwort. (1985)

Phantasie und Wirklichkeit

Vortrag im Studium generale in Marburg

›Wenn du geredet hättest, Desdemona‹ heißt der Titel meines letzten Buches. Es handelt sich um ›ungehaltene Reden ungehaltener Frauen‹. Heute abend bin ich keineswegs ungehalten, und meine Rede kann auch nicht ungehalten bleiben.

In der nicht überlieferten Rede der Klytämnestra an der Bahre des toten Agamemnon heißt es:
›Du hast gesagt: Nenne niemanden glücklich, bis er nicht gestorben ist. Bist du nun glücklich, toter Agamemnon? Dieser Morgen ist schön, hast du je gesehen, daß ein Morgen schön sein kann? Kennst du den Schatten des Ölbaums am Mittag? Deine Herolde heben den Arm zum Gruß, du läßt sie immer neue Worte rufen: Heil! Sieg! Und: Zeus Agamemnon! Warum grüßen sie dich nicht mit: Guten Morgen? Es ist schon viel, wenn dieser Morgen gut wird. Ich habe nicht viele gute Tage erlebt, Agamemnon. Ich habe mir das Glück jenseits der Mauern von Mykene suchen müssen.‹

In diesem Sinne sage ich jetzt ausdrücklich zu Ihnen: Guten Abend! und denke: Es ist schon viel, wenn dieser Abend gut wird. Die Grußform ist die Wunschform.

Es wäre mir nicht im Traum eingefallen – und ich kann Ihnen versichern, daß mir auch im Traum viel einfällt –, daß ich einmal stehen würde, wo ich jetzt stehe. Es geht mir ein nie geträumter Traum in Erfüllung.

Als ich saß, wo Sie jetzt sitzen, allerdings im alten Auditorium maximum des Landgrafenhauses, und ebenfalls ›Studium generale‹ im Vorlesungsverzeichnis stand, habe ich mir diesen Rollenwechsel nicht vorgestellt. Mag sein, daß unter

Ihnen jemand sitzt, der eines Tages stehen wird, wo ich jetzt stehe, und dann Rechenschaft ablegt über das, was er vorhatte und was sich hat verwirklichen lassen.

Ich bin keine Frau fürs Podium. Ich fühle mich fehl am Platz, trotzdem habe ich ›Ja‹ gesagt, weil ich kein Neinsager bin. Ich war dieses Ja der Stadt, in der ich einen wichtigen Teil meines Lebens gelebt und gelernt habe, schuldig.

Es bleibt nicht aus, daß ich mich zurückversetze in meine eigene Studienzeit in Marburg. Ich war übrigens nie eine Studentin mit einem Studienbuch, ich war nie eingeschrieben, ich studierte nebenher.

Ich habe auch mein Abitur nebenher gemacht. Die Zeitumstände haben es so ergeben.

Als ich über Nacht – nur weil ich den ersten Preis in einem Romanwettbewerb bekommen hatte und in die Literatur hineinkatapultiert wurde, ohne es je gewünscht zu haben – eine Schriftstellerin geworden war, fürchtete ich, daß überm Schreiben das Leben zu kurz kommen könnte und überm Leben das Schreiben. Aber: Ich lebe heute nicht nebenher und ich schreibe nicht nebenher. Schreibend lebe ich am intensivsten.

Wer schreibt, ist allein. Wer liest, ist allein. Zwischen dem Autor eines Buches und dem Leser eines Buches besteht ein Vertrauensverhältnis – wie ich glaube, eines der letzten. Es ist ein verletzliches Verhältnis; wenn ich darüber jetzt einiges sage, übe ich Verrat.

Ich benutze, wenn ich rede und wenn ich schreibe – auch in den Kolumnen, die ich regelmäßig für eine Tageszeitung schreibe –, die erste Person Einzahl. Ich fange einen Satz nicht mit ›man‹ an, selten mit ›wir‹, also nicht: Wir Deutsche. Wir Frauen. Wir Christen. Nicht: Man sagt.

Ich spreche für mich, ich, eine unter anderen Deutschen, Frauen, Schriftstellern, Christen, eine unter anderen Betroffenen.

Wenn ich also auch heute abend in der ersten Person Einzahl spreche, bitte ich Sie, das als ein Zeichen der Bescheidenheit zu nehmen, wie es gemeint ist. Ich spreche für mich, ich mache mich aber zugleich zum Sprachrohr meiner Generation, der Frauen, der Schriftsteller. Mein Thema heißt: Phantasie und Wirklichkeit. Das ist mir recht so: die Phantasie an erster Stelle. Ich erinnere mich nicht, ob das Thema von vornherein so formuliert war.

›Vor allem eins, mein Kind, sei treu und wahr, laß nie die Lüge deinen Mund entweihn‹ – dieses altmodische Lesebuch-Gedicht habe ich als Schulkind auswendig gelernt und ein Leben lang behalten – by heart. Ich war ein Lügenkind, das für seine Lügen bestraft wurde. Später hieß es: Das Kind hat zuviel Phantasie. Sehr viel später erst wurde die Phantasie mein Kapital – das sich gut verzinst.

Um mich nicht zu wiederholen, werde ich häufig zitieren, mich selbst zitieren. Wer seit drei Jahrzehnten schreibt, hat das meiste bereits gesagt. Ich werde mehrfach aus meinen Aufzeichnungen lesen, die ich am Ende meiner Fünfzigerjahre veröffentlicht habe. ›Mein schwarzes Sofa‹, das ist eine Ortsbezeichnung. Auf diesem Sofa denke ich nach, mache Notizen, lese; es ist ein unbequemes Sofa, ausruhen kann ich mich darauf nicht.

Gleich die zweite Eintragung lautet:

›Wenn es beim Schreiben eine Moral für mich gibt, dann ist es die, glaubwürdig zu sein; nichts zu schreiben, was ich nicht bereit wäre, auch zu leben. Man darf mich beim Wort nehmen.‹

Ich habe das Ende des Zweiten Weltkrieges in Halle, einer Stadt an der Saale, erlebt: überlebt. Zuletzt hatte ich, kriegsdienstverpflichtet, in einem Flugzeugwerk gearbeitet. Das Werk funktionierte über das Kriegsende hinaus, statt Flugzeugen wurden Kochtöpfe und Kinderbetten hergestellt. Ich wurde erst im Juli 1945 aus dem Kriegsdienst entlassen. Im Oktober 45 habe ich – weite Strecken zu Fuß – Marburg erreicht. Diese Stadt wurde mir zur Zuflucht. Ich hatte den entscheidenden Schritt von Ost nach West getan, wie entscheidend er war, wußte ich damals nicht, ich verließ lediglich die russisch besetzte Zone und ging in die amerikanisch besetzte Zone Deutschlands.

In meinen Aufzeichnungen steht eine kurze Eintragung, das Studium generale betreffend, das erste nach dem Zusammenbruch, nach der Befreiung:

›Marburg, das erste Semester nach dem Krieg. Studium generale. Werner Kraus, ein Marxist, der später nach Leipzig ging, verglich den SS-Mann mit Werther, zwei Arten, ein Deutscher zu sein. Wir saßen frierend und fiebernd auf den Fensterbänken des Auditorium maximum im Landgrafenhaus, lernwillige Vorschüler in der Schule der Demokratie, altgewordene Kinder mit einem großen Nachholbedarf an Jungsein und Freisein. Von einer Wiedergutmachung uns gegenüber ist nie die Rede gewesen. Nur von Schuldigsein. Viele haben mit Trotz darauf reagiert.‹

Und später dann, in anderem, größerem Zusammenhang:

›Wer unser Land verläßt, tut es freiwillig. Das höchste Recht, das ich von einem Land, in dem ich lebe, fordere, heißt: Ich muß es jederzeit verlassen können. Es besteht kein Grund, an der Erfüllung dieses Anspruchs zu zweifeln. Daß ich dort leben darf, wo ich die Sprache verstehe, wo ich in meiner Sprache schreiben kann, ist seit dem »Dritten Reich« für einen deutschsprachigen Schriftsteller nicht mehr selbstverständlich. Im Winter 1946 hielt der Germanist Johannes Klein eine Vorlesung über Hölderlin. »Fluch und Segen, ein Deutscher zu sein«. Er endete seine Vorlesung mit dem Satz: »Und dennoch, meine Damen und Herren, schäme ich mich nicht, ein Deutscher zu sein.« Seine Frau war Jüdin, er durfte einen solchen Satz sagen.

Ich selbst habe mich oft geschämt.‹

Und dann eine weitere Eintragung aus dem Januar 1981, mit der ich versuchen will, Ihnen mein Studium generale, das 1945 in Marburg begonnen hat und bis heute nicht abgeschlossen ist, verständlicher zu machen:

›29. Januar 1981. Abendnachrichten, Wetterbericht, Reisewetterbericht, dann der erste Teil einer Dokumentation über »Flucht und Vertreibung«. Wir haben den Film als zwei Überlebende des Krieges gesehen, die sich fragen: Warum sind wir davongekommen? Wir haben uns auch gefragt: Wer schaltet jetzt das Gerät ab?

Wir sahen, wie auf Aussiedlung Evakuierung, auf Flucht Vertreibung folgte. Stationen eines verschuldeten Krieges, Bilder des Grauens: feindliche Tiefflieger bombardieren die Flüchtlingstrecks auf dem gefrorenen Haff! Worte des Grauens: erfrorene Säuglinge, in die Ostsee geworfen. Vergewaltigung, Wahnsinn, Tod. Die Netzhaut unserer Augen ist abgehärtet, man zeigt uns Bilder, die man uns früher nicht zugemutet hätte: die Scheiterhaufen der Toten von Dresden.

Eine Stunde lang, dann ging ohne Pause das Programm mit »Alles oder nichts« weiter. Wir schalteten das Gerät ab, unsere Erinnerungen nicht: Mein Mann im Treck der Kriegsgefangenen durch das zerstörte Warschau, Richtung Osten. Ich, ausgebombt in Kassel, Totalschaden.

Wir saßen im Warmen, tranken Rotwein; an Schlaf war nicht zu denken.

Vor genau einer Woche sahen wir im Fernsehen die glorreiche Rückkehr der amerikanischen Botschaftsangehörigen, die man in Teheran nahezu anderthalb Jahre als Geiseln festgehalten hatte. Staatsoberhäupter, Reporter aus aller Welt; Ärzte und Psychologen, die die Freigelassenen behutsam untersuchen und betreuen. Konfettiregen in New York, die Freiheitsstatue angestrahlt ... Wer hat die deutschen Soldaten, die nach mehrjähriger Gefangenschaft abgezehrt und krank aus Rußland zurückkehrten, auf ihre körperlichen, geistigen oder seelischen Schäden untersucht? Heimkehrer – was für ein schönes und idyllisches Wort! Sie kehrten in zerstörte Städte zurück, niemand hat sie umjubelt. Ich vergleiche Unvergleichbares. Ich weiß das. Aber ich habe auch diese Bilder noch vor Augen und werde sie nie vergessen.

Der erste Teil des Filmes heißt »Inferno« (wie der erste Teil von Dantes »Göttlicher Komödie«). Bei Dante folgt das reinigende »Fegefeuer« und als letztes das »Paradies«. Wir, die dem Inferno des Kriegsendes entkommen sind, haben uns damals vor der großen Abrechnung, dem Fegefeuer, gefürchtet, das dann als Nürnberger Prozeß, Spruchkammerverfahren und Lastenausgleich anders als erwartet über uns gekommen ist; aber wir haben auch geglaubt, daß am Ende ein »Paradies« auf uns wartete, das Frieden heißen würde ...

Was haben wir, die Überlebenden, falsch gemacht, daß es nach einer solchen Sendung »mit den Beatles in die Endrunde« geht?‹

Ich verlasse jetzt meine persönliche Wirklichkeit, ohne allerdings das Thema zu wechseln. Leser, auch Zuschauer von Fernseh-Serien, kennen mich als die Autorin der ›Poenichen‹-Romane. Man hat sie für autobiographisch gehalten, obwohl sie nicht in der Ich-Form geschrieben sind, viele Leser tun das, trotz meines Einspruchs, noch immer. Wenn man mich für eine Heimatvertriebene aus dem Osten, eine gebürtige Pommerin hält, korrigiere ich und sage: allenfalls eine erschriebene.

Der erste Teil, ›Jauche und Levkojen‹, spielt weitgehend in Hinterpommern auf dem Gutshof der Quindts. ›Kinderbetten und Kochtöpfe aus Kampfflugzeugen‹, so steht es in meiner Biographie. In dem Roman gibt es eine entsprechende Szene. 1944 – Hinterpommern, es geht mit dem Krieg zu Ende:

›Die Glocke der Kirche war bereits »eingezogen«, wie Quindt es nannte. Jetzt sollte auch das Kriegerdenkmal zum Einschmelzen weggeschafft werden, ebenfalls das Eisengitter, das Kirche und Friedhof umgab. Herr von Quindt, als Patronatsherr, mußte dazu seine formelle Einwilligung erteilen.

Der Melker Priebe kommt in seiner Eigenschaft als Ortsgruppenleiter ins Büro, zieht die Stiefel nicht mehr aus, pflanzt sich vor seinem Herrn auf: »Wir brauchen Kanonen und keine Denkmäler, Herr Quindt!«

Er erwartet Widerspruch. Statt dessen stimmt ihm der alte Quindt zu. »Was man dann bei Kriegsende an Kanonen übrigbehält, kann man ja wieder einschmelzen und ein neues Kriegerdenkmal draus machen. Nur ein bißchen kleiner als unseres. Eisen verbraucht sich. Aber die Wiederverarbeitung leuchtet mir ein. Im Frieden Heldendenkmäler und im Krieg dann wieder Kanonen für die Herstellung künftiger Helden und immer so weiter, immer mehr Helden für immer kleinere Denkmäler. Da sehe ich allerdings eine Schwierigkeit auf uns zukommen, Priebe!«

Priebe versteht ihn nicht und glotzt ihn an.

»Einschmelzen, Priebe! Immer Einschmelzen! Weg mit den Denkmälern!« sagt Quindt.‹

Der zweite Teil des Romans, ›Nirgendwo ist Poenichen‹, hat viele Schauplätze, einer davon ist Marburg. Eine wichtige Station auf den langen Fluchtwegen der Heldin Maximiliane Quint, die eine Kriegswaise des Ersten Weltkrieges und eine Kriegswitwe des Zweiten ist.

Sie hätte im Auditorium maximum die ›Pflichtvorlesungen in Staatsbürgerkunde‹ hören können. ›Die Grundlagen deutscher Existenz in der Gegenwart‹ – zum Beispiel. Daß sie es nicht getan hat, daß sie auch nicht in die Elisabethkirche ging, in der Männer wie Martin Niemöller die Marburger Bürger neu orientierten, wird ihr zwei Jahrzehnte später von ihrer Tochter Viktoria, die Politologie und Soziologie studiert, zum Vorwurf gemacht. Diese Maximiliane von Quindt, Alleinerbin eines Rittergutes durch Geburt und Erziehung, Mutter von fünf kleinen Kindern, putzt am Rotenberg im Haus eines Professors und darf dafür zwei kleine Räume bewohnen. Sie geht – auf Neuorientierung und Weiterbildung nicht bedacht – einmal wöchentlich ins Kino, in die Abendvorstellung. Sie vernachlässigt die Beaufsichtigung ihrer Kinder, was zu kleinen Katastrophen führt. Von jener Frau Professor zur Rechenschaft gezogen und befragt, wohin sie denn immer ginge, sagt sie wahrheitsgemäß: Ich gehe weinen. Wo sonst hätte die Mutter kleiner Kinder unbemerkt weinen sollen, wenn nicht in der Dunkelheit eines Kinos?

Ich bin heute morgen am Rotenberg gewesen und habe überlegt, welches Haus es denn nun war und welcher Garten, in dem die kleinen Quints ›Wer fürchtet sich vor Frau Professor Heynold?‹ gespielt haben. In welches Kino Maximiliane gegangen ist, weiß ich. Ich selbst ging aus anderen Gründen in dasselbe Kino. Es lag in der Wilhelmstraße. Wenn ich in den vergangenen Jahren durch die Wilhelmstraße gegangen bin, habe ich nie an mich, sondern an diese Maximiliane gedacht, die da im Dunklen geweint hat.

In Reclams Universalbibliothek ist vor einigen Jahren eine Auswahl meiner ›Überlebensgeschichten‹ erschienen, zu denen ich ein biographisches Nachwort geschrieben habe. Es heißt ›Not lehrt schreiben‹, den Satz ›Not lehrt denken‹ von Ernst Bloch abwandelnd. In diesem Nachwort steht:

›Der Krieg hatte ein Ende, mein Vater war tot, mein Elternhaus zerstört; ich verdiente mir meinen Lebensunterhalt durch Nähen: Kindermäntel aus Soldatenröcken. 1946 legte ich in Stuttgart ein Examen als Diplom-Bibliothekarin ab, mit dem ich dann für zwei Semester Leiterin der Mensa academica in Marburg a. d. Lahn wurde, in dem Hungerjahr 1946/47.‹

Mit diesem letzten Satz kann ich in der Regel meine Zuhörer erheitern. Ich ergänze ihn jetzt mit der Anmerkung, daß von den 20 Kandidaten, die dieses Examen bestanden hatten, ein einziger eine Anstellung als Bibliothekar erhielt, zufällig handelte es sich um den einzigen männlichen Kandidaten.

Überlebensgeschichten! Überleben im Dritten Reich. Von den 20 Lebensläufen, die ich als wahre Geschichten ausgegeben habe, sind einige erfunden, welche – das hat nie jemand erkannt, ich selbst weiß es nicht mehr genau. Erfundene Menschen sind mir vertrauter als erlebte. Was ich sagen will: Die wahren Geschichten dieses Buches stimmen alle nicht mehr, da ist das Überleben weitergegangen, da haben Witwen wieder geheiratet, da ist jemand gestorben. Die üblichen Veränderungen. Ich lese diese Geschichten der Unstimmigkeiten wegen mit Unbehagen. Die erfundenen Geschichten: da stimmt noch alles, bis auf den Tag.

›Was sich nie und nimmer hat begeben, das allein veraltet nie‹, den Satz habe ich irgendwo abgeschrieben, aber bei wem? Ist das Schiller?

Mensa-Leiterin in Marburg also. Ich war 24 Jahre alt, ich hatte nirgendwo Zuzugsgenehmigung, Wohnrecht oder Anspruch auf Lebensmittelmarken, ich hätte jede Anstellung annehmen müssen. 2400 Essen am Tag. Ich kaufte beim Pferdemetzger ein, ich kaufte Freibankfleisch am Schlachthof ein, ich unterhielt gute Beziehungen zur Kantine der amerikanischen Besatzungsmacht, der Abfälle wegen. Ebenso zum Arbeitsamt. Zur Polizei am Kilian, die bei den Tanzveranstaltungen in der Mensa die Polizeistunde verlängern mußte.

Die alte Mensa in der Reitgasse ist längst abgerissen, das macht meine Angaben noch unglaubwürdiger. Vor einigen Jahren habe ich einmal mit Universitätsangehörigen in der neuen Mensa gesessen. Ein älterer Ober beugte sich zu mir herunter und sagte: ›Sie sollten den Nachtisch essen, Fräulein Emde, er ist sehr gut!‹ Ich blickte hoch und erkannte ihn. Herr Schmidt. Wir freuten uns beide, ich hatte ihn 1946 eingestellt – ein Leben war darüber hingegangen.

Das ›Café Vetter‹, das damals neben der Mensa stand, steht noch immer, ich habe gestern morgen zu Kaffee und Kuchen dort gelesen und versucht, das Publikum zu unterhalten, wohl gar zu erheitern. Vieles ist ja: zum Lachen.

Damals – damals wurde ich mehrfach vom neugegründeten AStA ins Auditorium maximum zitiert, um Rechenschaft darüber abzugeben, warum die paar Pellkartoffeln, die es auf Lebensmittelmarken gab, faulig schmeckten. Der Winter 1946/47 war ein strenger Winter, die Kartoffeln lagerten unter den Kellergewölben des Landgrafenschlosses. Ein Trupp Strafgefangener unterhielt Tag und Nacht ein Strohfeuer zwischen drinnen und draußen, trotzdem erfroren und faulten die Kartoffeln. Ein paar Jahre später wurden im Schloßhof Konzerte veranstaltet, fauliger Geruch drang aus den Kellergewölben des Schlosses. Jemand sagte: ›Das sind die Kartoffeln aus der Mensa.‹ Ich fühlte mich schuldig, aber ich war schon lange nicht mehr zuständig.

Das alles klingt so ›phantastisch‹. Soll ich durch Marburgs Straßen gehen und nach dem Pferdemetzger Ausschau halten? Das Gefängnis in der Wilhelmstraße? Die Gefangenenwärter haben mich jahrelang freundlich auf der Straße gegrüßt. Der Schlachthof wurde zum Parkplatz. Die Polizei am Kilian? Stehen die Häuser noch, in denen ich damals ein möbliertes Zimmer bewohnt habe? Schükkingstraße? Heinrich-Heine-Straße. Liebigstraße. Die Hausnummern habe ich vergessen. Ich bin nie wieder dort gewesen. Das Standesamt am Marktplatz? Schließlich habe ich dort geheiratet –

Wenn Sie mir kein Wort glauben, dann tun Sie recht daran. Ich kann mein Leben nicht glaubwürdig darstellen. Die Stadt ist eine andere, ich bin eine andere. Ich habe den Namen geändert. Das Anders-sein trage ich wie eine Tarnkappe, wenn ich durch Marburg gehe.

In meiner offiziellen Biographie liest sich das so: ›Ich arbeitete als wissenschaftliche Mitarbeiterin am Kunstinstitut in Marburg, studierte nebenher, wurde Redakteurin einer Frauenzeitschrift in Nürnberg. Was ich gelernt hatte, übte ich nie aus. Was ich ausübte, hatte ich nie gelernt. Dreizehn sehr verschiedene Tätigkeiten. Lebenserfahrung und Milieukenntnisse. Von klein auf schrieb ich, aber natürlich nebenher.‹

Bei der Aufzählung meiner dreizehn Berufe habe ich einen vergessen: Ein Jahr lang war ich arbeitslos, in Marburg. Oder richtiger: ohne Einkünfte, wenn ich von einer kleinen Arbeitslosenunterstützung absehe, die ich mir einmal in der Woche am Arbeitsamt – Schwanenallee? – abholte. Ich stand wartend in der Reihe, stundenlang, in bester Gesellschaft. Meine Tätigkeit am Kunstinstitut hatte ich nicht aufgegeben. Bei Schade & Füllgrabe kaufte ich Wurstabfall, auch dort befand ich mich in guter, meist akademischer Gesellschaft.

In meinen Aufzeichnungen steht eine weitere Eintragung, die Marburg betrifft:

›Meine Schriftstellerlaufbahn begann damit – ich war im Marburger Kunstinstitut angestellt –, daß ich zu einem Bellini-Bild (»Frau im Spiegel«) eine Anekdote schrieb. Sie wurde, zusammen mit dem Bild, in einer Zeitschrift veröffentlicht. Einige Wochen später wurde ich zu Professor Richard Hamann gerufen, dem Altmeister der Kunsthistoriker, der damals noch unser Institut leitete. Er lag auf seinem Sofa, das bärtige Kinn im Kragen vergraben, und hielt das Schreiben eines holländischen Kunsthistorikers, eines Bellini-Forschers, in der Hand. Er las mir den Brief vor; der Wissenschaftler erkundigte sich darin, wo er Näheres über diese ihm bisher unbekannte Begebenheit aus Bellinis Leben erfahren könne. Er hatte meine kleine Geschichte für bare Münze genommen.

Richard Hamann blickte über seine Brille und sah mich an. »Haben Sie sich diese Geschichte etwa aus den Fingern gesogen?« Vor Schrecken unfähig zu sprechen, nickte ich. Und Hamann sagte: »Das ist gut!«

Dabei ist es geblieben, bei der Respektlosigkeit gegenüber Fakten, Zahlen. Mir genügt, wenn es so hätte sein können – und daß man mir glaubt!‹

Meine persönlichen Erinnerungen an Marburg sind verblaßt, manches wurde wohl auch verdrängt. Deutlicher sind mir die Erzählungen meines Vaters in Erinnerung, der Ende des 19. Jahrhunderts in Marburg Evangelische Theologie studiert hat. Für ihn war die Universität noch die Alma mater. Er war Wingolfit. Es gab Fotografien, auf denen er in Wichs – nennt man das so? – zu sehen war, zu seinen Füßen seine prachtvolle deutsche Dogge. Im Winter, wenn Glatteis war, sind die Studenten nach der Kneipe auf den Frackschößen die

Reitgasse hinuntergerutscht. Diese Geschichte habe ich als Kind geliebt! Aber war das dieselbe Reitgasse, an der meine Mensa lag? Glatteis – ja, das stimmt, an Glatteis auf der Reitgasse erinnere ich mich ebenfalls.

Das Marburg meines Vaters, mein Marburg der ersten Nachkriegsjahre – und dann die Stadt, die ich als Schauplatz benutzt habe.

Als ich die ›Poenichen‹-Romane schrieb, habe ich hier im Herder-Institut Studien betrieben. Damals bin ich über den Friedhof an der Ockershäuser Allee gegangen, es war spät im Jahr, November vermutlich, der erste Schnee lag auf dem Herbstlaub, ich suchte eine Grabstelle. Ich habe mich für einen Platz unter den hohen Bäumen im alten Teil des Friedhofs entschieden, in der Nähe des Grabes der Katharina Kippenberg. Das Kriegsende hatte auch sie von Leipzig nach Marburg verschlagen. Bei ihrem Begräbnis war ich anwesend. Immer, wenn ich nach Marburg komme, gehe ich auf den Friedhof, lese die Inschrift auf ihrem Grabstein: ›Sie liebte die Ihrigen, die Vögel und die Dichter‹. Die Dichter – das war Rilke, das war Hofmannsthal. Sie starb, bevor der neue Insel-Verlag im Westen gegründet wurde.

In den ›Poenichen‹-Romanen liest sich das so; aus den Erfindungen meiner Phantasie ist die Realität eines Romans geworden:

›Maximiliane läßt sich an diesem Nachmittag in der Bratwurststube nicht sehen. Von Müdigkeit überfallen, legt sie sich auf ihr Bett und schläft ein. Joachim muß sie an der Schulter rütteln, und auch dann weigert sie sich noch, wach zu werden.

Sie scheint bereits zu wissen, was sie doch nicht wissen kann: Auf der geraden, baumbestandenen Straße zwischen Gisselberg und Wolfshausen, acht Kilometer südlich von Marburg, auf der Bundesstraße 3, muß Golo die Kontrolle über den Wagen verloren haben. Infolge überhöhter Geschwindigkeit scheint der Wagen ins Schleudern geraten zu sein. Bremsspuren wurden nicht entdeckt. Ein Apfelbaum als Todesursache.

Golo war bereits tot, als man ihn aus den Trümmern des Autos befreite...

Maximiliane fragte sich später – und das fragte sich und die Leser auch der Lokalredakteur der »Marburger Presse« –, ob es diesen Jugendlichen in den entscheidenden Jahren ihrer Entwicklung an der nötigen Aufsicht und Lenkung gefehlt habe. Daß sie die Autoschlüssel am gewohnten Platz hatte hängen lassen, obwohl sie wußte, daß Golo sich ihrer unrechtmäßig bedienen würde, trug ihr den Vorwurf der Begünstigung ein. Sie verzichtete darauf, ihre Erwägungen darzulegen: daß sie es für besser gehalten hatte, wenn Golo ihr Auto benutzte, als wenn er ein fremdes aufbrach und entwendete. Sie hielt ohnedies nichts von nachträglichen Erklärungen für Ereignisse, die geschehen waren...

Gegenüber Pfarrer Bethge von der Elisabethkirche, der ihr einen Beileidsbesuch machte, äußerte sich Maximiliane in dem Sinne, daß man die Erfindung des Kolbenverbrennungsmotors hätte rückgängig machen müssen, um ihren Sohn Golo am Autofahren zu hindern. Sie hätte ihn lediglich daran hindern können, auch noch ein Dieb zu werden. Sie schien erleichtert darüber zu sein, daß er nicht zum Mörder geworden war, daß er sich selbst und nicht einen anderen getötet hatte. Sie wirkte gefaßt und tapfer auf Pfarrer Bethge, der die Familie Quint seit Jahren kannte, da er die drei ältesten Kinder konfirmiert hatte.

»In den alten Adelsfamilien gibt es bei Todesfällen oft Traditionen. Haben Sie einen besonderen Wunsch für die Trauerfeier, Frau von Quindt?« fragte er.

»Bisher ist kein Quindt eines natürlichen Todes gestorben«, antwortete Maximiliane. »Immer war es der Heldentod oder der Jagdunfall. Mein Großvater wollte der erste Quindt sein, der in seinem Bett starb, aber er hat sich und seine Frau erschossen, als ich mit den Kindern auf die

Flucht gegangen bin. Der Verkehrsunfall hat heute wohl die Stelle des Jagdunfalls eingenommen.«

Dann fragt sie unvermittelt, worüber sie schon längere Zeit nachgedacht hat: »Wie nennt man eine Mutter, die ihr Kind verloren hat? Gibt es dafür denn kein Wort? Entsprechend den Worten Witwe und Waise?«

Pfarrer Bethge denkt nach, kommt aber ebenfalls auf kein geeignetes Wort. Statt dessen sucht er nach Trostworten.

»Sie haben in Marburg ja nie so recht Wurzeln geschlagen, Frau von Quindt. Solch ein Toter, den man der Erde zurückgibt, verschafft ein Heimatgefühl! Sie werden es zu spüren bekommen, wenn Sie an dem Grabhügel stehen. Sehen Sie dieses Kind als eine Wurzel in fremder Erde an!«

»Ich bin kein Baum, Herr Pastor!« antwortet Maximiliane. Eine Erkenntnis, die ihr in diesem Augenblick zum erstenmal kommt und die ihr später nützen wird ...

Golo wurde auf dem alten Teil des Friedhofs an der Okkershäuser Allee, dem Marburger Hauptfriedhof, beigesetzt; unweit der Gräber von Anton und Katharina Kippenberg, auf deren Grabstein der Spruch stand – Joachim hatte seine Mutter darauf aufmerksam gemacht –, ›Sie liebte die Ihrigen, die Vögel und die Dichter‹. Dieser Teil des Friedhofs war von Lebensbäumen, aber auch Linden, Eichen und Birken bestanden, hohe, alte Bäume, denen Maximiliane ihren Sohn anvertraute und die jetzt, während der Beerdigung, der Trauergesellschaft Schutz vor dem Regen boten. Pfarrer Bethge sprach über ein Wort Laotses statt über einen Text aus der Bibel. »Der Weg ist wichtiger als das Ziel.« Unter diesen Leitgedanken wollte er seine Ansprache gestellt wissen; das ziellose Unterwegssein der Jugend in dieser unserer Zeit. Hier habe es einen solchen jungen Menschen wegen überhöhter Geschwindigkeit aus der Lebensbahn geworfen. Dann griff er auf, was die Mutter des Frühverstorbenen, die ihre vater- und heimatlosen Kinder nach besten Kräften erzogen habe, ihm mitgeteilt hatte, und schloß: »Jesu, geh voran, nun nicht mehr auf der Lebens-, sondern auf der Todesbahn!« Er stellte in eindringlichen Worten der kurzen Lebensbahn des Jungen die lange Todesbahn gegenüber, dem Weg das Ziel.

Zum Abschluß der Trauerfeier sang man den entsprechenden Choral, den die meisten auswendig singen konnten.

Maximiliane stand, von ihren vier verbliebenen Kindern umgeben, abseits, als ob sie nicht dazugehöre. Joachim hatte, Halt suchend und Halt gebend, den Arm um sie gelegt. Sie trug die alte Tarnjacke, die ihr an jenem Grenzbach bei Friedland der fremde deutsche Soldat gegeben hatte. Lenchen Priebe, die sich von Kopf bis Fuß schwarz und daher neu eingekleidet hatte und infolgedessen von vielen für die Mutter des Verstorbenen gehalten wurde, trat auf sie zu und fragte befremdet: »Trägst du denn keine Trauer?«

»Wohin sollte ich sie tragen?« fragte Maximiliane zurück...‹

Bald darauf verlassen die Quints Marburg.

Und ich selbst? Habe ich noch Wurzeln in dieser Stadt? Ich kann diese Frage nicht beantworten, nicht für mich, wohl aber für die Kinder dieser Maximiliane, sie sind hier aufgewachsen, sie halten sich für Marburger, obwohl sie doch aus Poenichen stammen.

Heute morgen war ich wieder auf dem Friedhof. Über Golos Grab – das es nicht gibt – ist Gras gewachsen. Ein Findling liegt darauf, Maximiliane hat ihn für ihren Sohn aus Dalarna in Schweden mitgebracht. Jahrhundertelang hat man den Quindts aus Poenichen einen Findling aufs Grab gelegt. Das Erbbegräbnis der Quindts im heutigen Pomorze kann man nicht aufsuchen, militärisches Gelände des Warschauer Paktes.

Findlinge. Geröll aus der Eiszeit. In Schweden, in Pommern – sie hat gelernt, in größeren Maßstäben zu denken.

Ich gehe durchs Gefälle am Ortenberg, um nachzusehen, ob dort die japanischen Kirschbäume noch stehen, im Gefälle, wo die Quints ein Behelfsheim bewohnt haben, von Maximiliane ›Behelfsheimat‹ genannt. In das Gärtchen hat sie Sonnenblumen gepflanzt, keine wiederkehrenden Pflanzen, schon gar keinen Baum.

Ich gehe durch die Ketzerbach. Dort hat Maximiliane eine Fischbratküche betrieben, zunächst nur ein Stand, später erst ein kleines Lokal. Ich sehe nach, ob die Akazien auch nicht gefällt sind. Heute morgen habe ich gesehen, daß dort Platanen stehen. Mehrfach hat man mir geschrieben, daß man sich an diese Fischbratküche in der Ketzerbach gut erinnern kann.

Hat es diese Fischbratküche in der Ketzerbach nun gegeben oder nicht?

Bald nach Erscheinen von ›Jauche und Levkojen‹ erhielt ich Briefe, auch Anrufe. Da hatte jemand im Januar '45 den alten Baron von Quindt erschossen vor dem Herrenhaus in Poenichen liegen sehen. Da rief mich eine alte Dame an und versicherte mir beglückt, daß sie in Berlin im ›Adlon‹ mit dem Baron Quindt getanzt habe.

Ein Beweis dafür, wie auch die nachschaffende Phantasie des Lesers Fakten schafft.

Dieser alte Quindt ist die tragende Figur des Romans. Ich selbst habe keinen meiner Großväter gekannt, ich habe mir einen Großvater nach meinen Wünschen ›erschrieben‹. Seine ›Quindt-Essenzen‹, die berühmt waren, werden von uns – meinem Mann und mir, aber auch von Freunden und Lesern – gern zitiert. »Geld kann gar nicht bar genug sein«, sage ich, zitiere aber nur Quindt. Wenn wir ein wenig kostspielig reisen, sage ich: »Quindt zahlt alles!« Ihm verdanke ich eine gewisse Wohlhabenheit, als hätte ich wirklich einen reichen Großvater beerbt.

»Eine Gesinnung muß man sich leisten können«, sage ich, erwähne aber immer, daß es Quindt war, der das geäußert hat. Die Romanfiguren haben Leben gewonnen, sind aus dem Buch ins Leben eingedrungen. Diese Quindts stehen mir näher als meine leiblichen Verwandten; ich kenne ihre Biographie besser als meine eigene. Nichts Unvorhergesehenes kann passieren. Die von mir erfundene Welt von Poenichen bleibt so bestehen, wie ich sie angelegt habe, darin unterscheidet sich Phantasie von Wirklichkeit, sie erweist sich als die Beständigere. Die Siegerin.

Die Übergriffe der Literatur ins Leben sind oft unheimlich. In der Verfilmung der ›Poenichen‹-Romane spielt Arno Assmann die Rolle des alten Quindt. Erschütternd die Szene, in der er seinen Selbstmord vorbereitet.

Wenig später hat sich der Schauspieler das Leben genommen. Ein Zufall – was denn sonst? –, aber der Autor hat das Gefühl, magisch etwas herbeigeschrieben zu haben. Im Roman gründet die geschäftstüchtige Tochter Edda in Holstein eine Fleischfabrik, in der sie nach einem alten Rezept die bereits von Bismarck gelobte ›Poenicher Wildpastete‹ herstellt. Ein Leser schickte mir ein Päckchen mit kleinen Fleischpasteten aus einer Quindtschen Fleischfabrik. Wie ist das möglich? So häufig ist der Name Quindt doch nicht.

Immer wieder heißt es: Da ist doch vieles autobiographisch. Ich kann die Frage nicht beantworten, Phantasie und Wirklichkeit sind dicht verwoben, mag sein, daß einige Romanfiguren eine gewisse Ähnlichkeit mit mir haben, viel deutlicher aber ist, daß sie es sind, die Einfluß auf mich nehmen. Lange Zeit lief ich im Haus und Garten barfuß, was weder zu mir paßt noch mir guttut, ich ahmte meine Heldin Maximiliane nach, die ein Naturkind war, barfuß Auto fuhr.

Meine erste Heldin trug im Herbst eine duftende wilde Quitte in der Manteltasche – das habe ich von ihr übernommen, in allen Jacken- und Manteltaschen steckt eine schrumplige Quitte, ich reibe sie zwischen den Fingern, atme ihren Duft ein, fühle mich weniger fremd in der Fremde – (hier ist die Quitte!).

Wiepe Bertram aus der Komödie ›Der Kokon oder Die Verpuppung der Wiepe Bertram‹ ernährte sich in den Monaten vor ihrem Tod von Sekt und Nüssen; ich habe mir Mühe gegeben, ihre Angewohnheit wieder abzulegen.

Schwieriger wird es dann, wenn ich mir die Weltanschauung meiner Figuren zu eigen gemacht habe. Diese Maximiliane, die als Kind ein Flüchter war und später ein Flüchtling wurde und nicht wieder seßhaft und auch nicht wieder zu Besitz gekommen ist, pflegte zu sagen: »Das brauchen wir nicht!« Kategorisch: das brauchen wir nicht. Das hängt mir nun an. Brauche ich schon wieder einen neuen Wintermantel? Brauche ich wirklich eine neue Schreibmaschine mit weiteren technischen Errungenschaften? Die Maximen der Maximiliane Quint greifen tief in mein Leben, ebenso die Quindt-Essenzen des alten Quindt.

Mosche, das empfindsamste ihrer Kinder – er wird ein Lyriker, zieht sich in die schwedischen Wälder zurück, aber: er taucht wieder auf, er geht in die Politik, das wird im dritten Band der ›Poenichen‹-Romane stehen –, dieser siebenjährige Mosche fragt bei Kriegsende, als die flüchtenden Quints das Ortsschild von Berlin erreicht haben: »Wird nun nie mehr geschossen, Mama?« Maximiliane sagt: »Nein, Mosche!«

Er fragt: »Versprichst du mir das, Mama?«

Sie sagt: »Das verspreche ich dir, Mosche.« Es ist eine der entscheidenden Fragen des nächsten Buches.

Wir, Kühner und ich, sagen oft und oft bei schwerwiegenden Fragen: »Versprichst du mir das?«

Als in Marburg einige Folgen der Fernsehserie gedreht wurden, hat man mich für einen Tag eingeladen. Rainer Wolffhardt führte die Regie, wer die Drehbücher geschrieben hatte, weiß ich nicht. Die Schauplätze mußten in die späten 40er und 50er Jahre zurückversetzt werden. Es wurde in einer Schule an der Uferstraße gedreht; da Schulferien waren, hatte man Kinder aus Kinderheimen mit Lastwagen angeliefert; Straßen wurden polizeilich abgesperrt, annähernd 100 Komparsen als Passanten; Studenten hatten sich, wie es hieß, die Haare schneiden lassen, es gab 80 Mark Tagesgage.

Die Fischbratküche stand nicht in der Ketzerbach, sondern in einem Winkel hinter der Brüderkirche. Ich fühlte mich überflüssig, aber ich fühlte mich auch schuldig an dem ganzen Aufwand, um die Realität einer Beerdigung herzustellen. ›Maximiliane stand, von ihren vier verbliebenen Kindern umgeben, abseits, als ob sie nicht dazugehöre –.‹ Ein Satz, ein wichtiger Satz, wie ich meine, leicht und rasch zu schreiben. Was für einen Aufwand bewirkt er in einem anderen Medium! Ich hatte keinen Einfluß auf die Fernsehfassung. Es ist ein realistischer Film; die Romane sind nur auf den ersten Blick realistisch. Es ist eine erfundene Realität, ohne Ironie wäre diese Familiengeschichte ins Sentimentale abgerutscht; eine ironische Blende haben nur wenige Kameraleute zur Verfügung.

Peter Handkes Roman ›Der kurze Brief zum langen Abschied‹ endet mit dem Satz: ›»Und ist das alles wahr?« fragte er auf englisch. »Nichts an der Geschichte ist erfunden?« »Ja«, sagte Judith, »das ist alles passiert.«‹

Wird die Geschichte vom langen Abschied zweier Menschen durch diese Schlußsätze glaubwürdiger? Vielleicht hat Handke sie nur als Pointe benutzt?

Es gibt den Roman, es gibt die Historie. Man kann den Roman definieren als Historie, die hätte sein können, und die Historie als einen Roman, der Wirklichkeit geworden ist. Die Kunst des Romanschreibers vermag – in glücklichen Fällen – dem Stoff eine Glaubhaftigkeit zu verleihen, wie sie der Realität kaum jemals zu eigen ist. Ähnliches sagt André Gide.

In den USA wurde ich oft gefragt, ob ich als Schriftstellerin ›fiction‹ oder ›non-fiction‹ schriebe. Ich mußte die Frager enttäuschen, wenn ich mich als Vertreterin von ›fiction‹ zu erkennen gab. Non-fiction hat dort den höheren Stellenwert.

Ich versuche ein weiteres Mal, Ihnen zu beweisen, daß Phantasie Wirklichkeit herstellt.

Ich arbeite für ›writers in prison‹. Ich schreibe Briefe an russische Dichter, die jahrelang in sibirischen Lagern leben. Ich kann mich mit ihnen auf einer Insel treffen, die ›Don Carlos‹ heißt, da muß der Satz ›Geben Sie Gedankenfreiheit!‹ nicht geschrieben werden, er steht zwischen den Zeilen. Wir können über ›Effi Briest‹ miteinander reden, nichts hat sich im Hohen-Cremmen Fontanes verändert, unterschiedliche Deutungen sind möglich, aber nicht die Frage: Lebt der alte Briest eigentlich noch? Über den ›Zauberberg‹ zu reden ist für Menschen, die sich nie kennenlernen werden, ein leichtes. Wer wollte die Realität des Zauberbergs leugnen? Bücher sind Treffpunkte! Der Erfinder des Zauberbergs, Thomas Mann, sagt: ›Phantasie haben heißt nicht, sich etwas ausdenken; es heißt, sich aus den Dingen etwas machen.‹

Genau das habe ich in den ›Poenichen‹-Romanen, die ich heute abend als Beispiel benutzte, versucht. Die Dinge, die Zutaten waren gegeben. Die Eiszeit hat die Landwirtschaft in Pommern bestimmt. Die Besiedlung des Ostens ist vornehmlich durch den Adel erfolgt. Die Historie mit allem Auf und Ab war gegeben. Zwei Weltkriege, Inflation, Weltwirtschaftskrise, Drittes Reich, Flucht und Vertreibung, Währungsreform, Wiederaufbau, Wiederbewaffnung – das alles war zu respektieren, den Freiraum aber, den mir die Historie gelassen hat, den habe ich mit Phantasie gefüllt.

Noch einmal die Wirklichkeit!

In dem Buch ›Mein schwarzes Sofa‹ steht meine Biographie – unter diesem Titel: ›Meine Biographie‹ –, in gebundener Rede, also gestaltet, und: im Konjunktiv, also in der Wunschform geschrieben.

Meine Biographie

Ich wäre gerne auf dem Land geboren,
die Berge übersichtlich, nicht zu hoch,
dafür die Täler lieblich und mit Bächen.
Der Vater Pfarrer, Heine liebend und Homer,
die Mutter zart und dunkelhaarig,
beide nicht mehr jung.

Wenn ich das alles kennen würde: das Dorf,
seine Höfe und Mühlen und auch
die bissigen Hunde, wäre es an der Zeit,
in eine Stadt mittlerer Größe zu ziehn,

an einem Fluß gelegen. Dort
würde ich, was nötig ist zu wissen,
lernen. Heimat- und Sternenkunde, griechische
Sagen. Die Teilbarkeit der Winkel, regelmäßig-
unregelmäßige Verben in zwei Sprachen,
viele Gedichte und für immer.

Man müßte mich zu unbedingtem Gehorsam
erziehen, damit die Diktatur ertragbar
wäre, und ich zu jung, um schuld daran
zu sein. Der unvermeidliche Krieg am
besten dann, mit etwa 17 Jahren, wenn ich
nicht wüßte, was ich entbehren muß,
Verluste rasch verschmerzte, schnell
laufen könnte, mich nicht zu tanzen
scheute, wenn –

Machtübernahmen und Zusammenbrüche,
der Tag X und das Jahr Null und
spät erst Freiheit.
Die Grenzen offen! Zumindest
die nach Westen, Süden, Norden,
Auto, TEE und Boeing 707,
am verläßlichsten die eignen Füße.
Die Berge höher und die Flüsse breiter,
Meere und Inseln, alte und auch Neue Welt.

Nicht zu früh seßhaft! Nicht zu früh
Besitz! Die Anschrift häufig wechselnd,
der Sicherheit nicht trauend, immer
auf der Suche nach –

Ich dürfte mich auf Schönheit nicht
verlassen können und auch nicht reich
sein, um nicht faul zu werden. Keine,
vor der man Angst hat; aber viele, die
mich fragten, obwohl ich Antworten nicht
wissen würde. Geduldig sein

mit anderen, ungeduldig mit mir selbst.
Meine Sätze sollten nicht mit ›Aber‹,
nicht mit ›Ach‹ beginnen. Niemals: Warum
denn ich? Warum nicht ich? Fünfzigjährig
möchte ich noch staunen und bewundern
können. Was schön ist, würde ich
schön nennen.

Kein Wunsch nach Kindern, nach Vermehrung.
Nur ich und damit Schluß. Ich würde tun,
was mir am meisten Lust bereitet, ohne
Zögern: schreiben. Zögernd schreiben.
Ich würde in einem Lande leben wollen, das
ich rasch verlassen kann. Aus meinem Hause
fort und fort aus diesem Garten,
schweren Herzens,
ohne Ballast,
aber mit dem zur Seite, ohne den
zu überleben sich nicht lohnen würde.

Ich bin in einem Dorf in Waldeck aufgewachsen, mein Vater war Pfarrer, meine Eltern alt, ich bin in Kassel zur Schule gegangen, ich habe fünf Jahre Kriegseinsatz gemacht, ich habe die Wohnorte und Berufe oft gewechselt: Halle, Marburg, Stuttgart, Marburg, Nürnberg, Krefeld, Düsseldorf und: ›spät erst seßhaft‹: Kassel, wo ich heute als freie Schriftstellerin mit meinem Mann Otto Heinrich Kühner lebe. Ich habe aus dem Indikativ des Lebens den Konjunktiv der Phantasie gemacht. Aus Realität wurde Irrealität. Also der umgekehrte Weg. Nachträglich habe ich mich mit meinem Lebenslauf einverstanden erklärt.
    Guten Abend! (1983)

Bäume haben immer recht

Der alte Quindt, Besitzer des Rittergutes Poenichen in Hinterpommern, hielt es mit den Bäumen; er machte sich weder viel aus Frauen noch aus Kindern und auch nicht aus Tieren. »Bäume haben immer recht«, pflegte er zu sagen, ohne diesen etwas dunklen Satz zu erklären. Im Ersten Weltkrieg waren seine Wälder des erhöhten Holzbedarfs wegen abgeholzt worden, nach dem Krieg ließ er die Kahlschläge aufforsten. Mischwald mit gutem Unterholz. ›Ein Wald des Friedens‹ sollte es werden. Deutscher Wald! Wenn es um den Wald ging, wurde dieser Quindt, sonst eher nüchtern und der Ironie zugeneigt, pathetisch, sogar patriotisch.

Es passiert mir immer wieder, daß ich die Denkweisen meiner Romanfiguren übernehme; mein Patriotismus beim ›deutschen Wald‹ stammt vom alten Quindt, das ist sicher, ich benutze seine Aussprüche, als wären es meine.

Ich traue mir zu, die Nationalität eines Waldes zu erkennen. Wenn ich auf einer Mittelmeerinsel im Schatten der Seekiefern einschlafen würde, wüßte ich noch im Halbschlaf, wo ich bin; ich erkenne die Gerüche, erkenne den Wind, die Beschaffenheit des Waldbodens. Ich bin in schwedischen Wäldern gewandert, wo jeder Ausflug zu einem Überlebenstraining ausartete, ich bin durch den dornigen Maquis der Provence und durch die mannshohe Macchia auf Elba gestreift, ich war in den Rocky Mountains zu Fuß unterwegs und in den dunklen Wäldern der Ardennen. Es war schön und war aufregend und war anstrengend, es war anders, anders schön als in den Wäldern, in denen ich zu Hause bin.

Jenen Wald des Friedens in Poenichen – den ich kenne – sieht die Enkelin des alten Quindt, die als Heimwehtouristin nach Pommern/Pomorze gereist ist, nur von Ferne, der Zutritt ist verboten; militärisches Gelände für die Truppen des Warschauer Paktes. Vor dem Zweiten Weltkrieg war die Poenicher Heide Truppenübungsplatz der deutschen Wehrmacht. Man nimmt sich vor, über den Wald, den deutschen Wald, zu schreiben, aber wo man auch anfängt, kommt einem die Politik dazwischen.

Ich lebe nahe der deutsch-deutschen Grenze, wir wandern gern im Richelsdorfer Gebirge, im Ringgau. Der Todesstreifen führt bergauf und bergab durch die schönsten Laubwälder, durchschneidet freundliche Täler, überquert liebliche Bäche, trennt die Burg Hanstein von der Burg Ludwigstein; manchmal haben wir beide Burgen im Blick. Wir machen an markierten Plätzen halt, dort, wo auf Tafeln ›Wartburgblick‹ steht; manchmal erfüllt sich die Verheißung, meist hindert Dunst und Nebel den Blick auf diese deutscheste der Burgen, falls man das Adjektiv deutsch steigern kann und will. Der Dunst, der den Blick behindert, stammt von der Braunkohle, die drüben verheizt wird.

Wer – drüben – von Wartburg spricht, meint nicht immer die Burg, sondern das Auto, das dort gebaut wird. Vor Jahren haben wir einmal auf dem Inselsberg gestanden – drüben – im anderen Deutschland, und dort steht auf einer Tafel, daß man bei günstiger Witterung den Meißner und die Wasserkuppe und auch den Herkules bei Kassel würde sehen können. Die Witterung war nicht günstig. Kein Blick von drüben nach hüben. Aber vor wenigen Tagen haben wir auf der Wartburg gestanden, und alles war sichtbar und erkennbar, kein Todesstreifen durchschnitt die Wälder. Sommer hüben und drüben. Bei solchen Anlässen pflege ich die letzte Zeile von Eichendorffs Heimwehlied zu zitieren: ›Grüß dich, Deutschland, aus Herzensgrund!‹ Als Eichendorff dieses Gedicht schrieb, gab es das ›römische Reich Deutscher Nation‹ nicht mehr und das deutsche Kaiserreich noch nicht. ›Wer in die Fremde will wandern...‹ Aber ist das Fremde, was drüben liegt?

Die Lieder der Romantik sind Lieder der Sehnsucht, Sehnsucht nach Deutschland. Eichendorff gilt als der Sänger des deutschen Waldes, so steht es in meinem Handlexikon. Es fehlt uns an Sehnsucht! Wir haben nicht einmal mehr gesamtdeutsche Gefühle. In langen Gesprächen haben wir unsere politischen Ansichten vertreten, nicht getauscht.

Ich stamme aus dem ehemaligen Fürstentum Waldeck, da steckt der Wald schon im Namen. ›Mein Waldeck! Mein Waldeck lebe hoch!‹ heißt es im Heimatlied der Waldecker, und ›grün und blüh gleich deiner schönsten Eiche, stürmt es auch im Osten oder West‹. Seit ich das Lied kenne, hat es oft gestürmt, ist der Sturm oft von unserem Land ausgegangen...

Wenn man mich fragt, was ich sein möchte, wenn nicht ein Mensch, dann sage ich: ein Baum. Mit den Bäumen stehe ich auf du und du. Es ist Mai, auf dem Waldboden blühen Maikräuter und Maiglöckchen, und anderswo blüht jetzt auch der Knoblauch. Salomos Siegel! Fleischige Blätter dringen aus dem Waldboden und verheißen die Sommerpracht des Fingerhuts. Das wilde Geißblatt schlingt sich im Gebüsch und verspricht Sommerdüfte. Frische Tüten hängen in Holzgerüsten und warten auf die ersten Borkenkäfer. Auf den Waldwiesen blüht das Wiesenschaumkraut und der gelbe Hahnenfuß. Wie viele Möglichkeiten in Grün! Die leichtfüßigen Lärchen säumen die dunklen Fichtenwälder, am Rand der schmalen Landstraßen dritter Ordnung sind die Birken in Zweierreihen unterwegs; die Eichenblätter sind noch halbwüchsig; die Akazien holen jetzt rasch auf. Es geht alles so schnell, vergeht so schnell. Die Ungeduld des kleinen Häwelmann, der ›Mehr! Mehr! Mehr!‹ rief, hat sich im Laufe des Lebens in Goethes Wunsch ›Verweile doch!‹ verwandelt. Bleibt so! sage ich. Bleibt noch eine Weile so; so lichtdurchlässig, so hell, so grün wie die Buchen, so gelb wie dieses Rapsfeld, das durch die Wälder schimmert.

Ich liege unter einem Baum. Die Blütenblätter der wilden Kirsche fallen auf Veilchen und Sternblumen und auch auf mich. Aber ich kaue keinen Sauerampfer, ich rupfe keinen Hasenklee ab, ich esse nicht die frischen Triebe der Fichten, ich verleibe mir diesen Mai nicht ein. Wir werden keine Maibowle trinken, wir sind vorsichtig und mißtrauisch geworden, dies ist nicht irgendein Frühling, dies ist der Frühling '86, wenige Wochen nach der Katastrophe von Tschernobyl.

Ich denke: Tschernobyl, aber noch traue ich meinen Augen mehr als allen Schreckensmeldungen und Prophezeiungen. Ich blicke in den Himmel, der tiefblau ist. Ein Flugzeug zerschneidet ihn und hinterläßt einen schönen, weißen Kondensstreifen, der sich kräuselt und auflöst. Es sind keine Wassertröpfchen, sondern schädliche Abgase, ich weiß das. Das Schöne ist nichts als des Schrecklichen Anfang, das hat man mir in der Schule bereits beigebracht, aber ich habe es nicht hören und nicht glauben wollen.

Wenn im Juni der Holunder blüht, werde ich die Blütendolden nicht in Eierkuchenteig tauchen, um ein wohlschmeckendes Gebäck herzustellen. Oder ist dann der Spuk vorbei? Sind wir dann wieder unbekümmert, haben die Warnung in den Wind geschlagen? Werde ich im Herbst die Früchte des Holunders ernten und Saft gegen Wintererkältungen einkochen? Werden wir keine Pilze sammeln? Früher habe ich den mitwandernden Freunden lachend versichert: diese Pilze sind todsicher eßbar, und sie haben mir geglaubt. Keiner wird mir mehr glauben.

Ich erinnere mich, daß ich vor Jahren argwöhnisch den Mond betrachtet habe, der von Astronauten erobert worden war, und daß ich keine Veränderung wahrnehmen konnte. Ich sah den alten Mond, den stillen Gefährten der Nacht; längst habe ich die spektakulären Ereignisse der Raumfahrt verdrängt – was kann ein Menschenfuß einem Himmelskörper anhaben?

Unsere Erde hält viel aus, das habe ich doch immer gesagt

und geschrieben. Ich habe gesagt: Blühen ist eine Notlage. Je ärmer der Boden, desto schöner entfaltet sich, was aus eigenem Trieb wachsen und blühen will. In ›Not lehrt schreiben‹ habe ich die Frage gestellt: ›Was ist das für eine Kraft, die den Pflaumenbaum blühen läßt, woran niemand ihn hindern kann, es sei denn, er fällte ihn?‹ Der Lebenstrieb ist stark, ist stärker als alles, was der Mensch bisher zur Vernichtung der Erde angewandt hat. Auf diesen Lebenstrieb vertraue ich, aber: Mein Vertrauen ist nicht blind.

Der Zilpzalp ruft, laut und ausdauernd, man wird ihn auch drüben hören können. Ich sehe diesen Todesstreifen, der Ost und West voneinander trennen soll, das ist wahnsinnig genug; aber ich habe mich in vierzig Jahren daran gewöhnt. Nach dem Krieg bin ich oft unter Gefahren über diese grüne Grenze gegangen; wenn ich mit der Bahn nach Berlin reise, überquere ich sie, und ich benutze den kleinen Grenzverkehr zwischen den beiden Deutschland. Seit wir wissen, daß die tödlichen Strahlen ohne Waffengewalt von Ost nach West und vielleicht auch von West nach Ost dringen, ist diese Grenze wahnsinnig in der Potenz. Was gelten da noch Landes- und Staatsgrenzen?

Ich liebe die Erde, auf der ich noch eine Weile leben möchte. Unser blauer Planet!

Ach – zum Kuckuck! Ein Kuckucksruf genügt, und ich bin wieder bereit, an das Leben zu glauben, sogar an den Menschen. Der Mensch ist lernfähig, er wird diese Warnungen nicht in den Wind schlagen.

Wie oft ruft der Kuckuck noch? Wie lange der Zilpzalp? Kann ich mich nun nicht mehr auf Augen und Ohren und Nase und Füße verlassen? Ist mein Wahrnehmungsvermögen nichts mehr wert?

Was habe ich gesagt? Ich bin pathetisch wie der alte Quindt! Wenn es um den Wald geht, um die Erde.

Bäume haben immer recht. (1986)

Hat der Mensch Wurzeln?

»Woher stammen Sie denn nun eigentlich?« Diese Frage kommt unweigerlich, wenn man erfährt, daß die Autorin der ›Poenichen‹-Romane nicht aus Hinterpommern stammt, nicht einmal aus dem ehemals deutschen Osten. Keine Heimatvertriebene. Ich spreche Hochdeutsch, keine Mundart verrät mich.

Wir leben nun schon seit zwei Jahrzehnten in Kassel; wir haben uns diese Stadt zum ständigen Wohnsitz gewählt, trotzdem: mit ›Kassel‹ kann ich die Frage nicht beantworten, ich bin keine Hessin. Aber: Das Land, aus dem ich stamme, gehört heute politisch zu Nordhessen. Meine Antwort fällt umständlich aus, ich muß ›eigentlich‹ sagen und ›ursprünglich‹ und ›ehemals‹. Es handelt sich um Waldeck – mehr eine Liebhaberei als ein Herkunftsland, ein kleines Fürstentum, mit Arolsen als Residenz. Sechs Kilometer entfernt, durch die Gebietsreform vereinnahmt, liegt mein Heimatdorf.

Sofort sage ich ›mein‹, als gehörte mir dort alles. Wer mich kennt, weiß, daß ich nur selten ›mein‹ sage. Wenn es einem Waldecker warm ums Herz wird, singt er ›Mein Waldeck lebe hoch/mein teures liebes Waldeck, es lebe, lebe hoch...‹ Selbst in Deutschlands größten und großdeutschesten Zeiten kam man nicht auf den Gedanken, ›Mein Deutschland, mein Deutschland über alles‹ zu singen. Bei einem so kleinen Land wie Waldeck artet Heimatgefühl nicht in Nationalgefühl aus. Da ist keine Gefahr.

Ich zeige mein Dorf manchmal vor: das alte Pfarrhaus, in dem ich geboren bin, den Garten mit Terrassen, Grotten und Lauben, die Kirche mit der schönbemalten Holzdecke; die

Schule, einklassig, die jetzt leersteht, in der mein Großvater unterrichtet hat; auf welcher Bank habe ich gesessen? Wer neben mir? Ich erinnere mich nicht. Aber als Kind habe ich in jedem Haus jeden gekannt und jeder mich. Wenn ich heute durchs Dorf gehe, erkenne ich nur noch wenige, nur noch die ganz Alten, und mich erkennen nur wenige noch als die Tochter des Pfarrers, einige kennen mich als Schriftstellerin, jemand, den man auf dem Bildschirm zu sehen bekommt. Man spricht Hochdeutsch mit mir, als Kind sprach ich Plattdeutsch.

Alte Bauernhöfe wurden abgerissen, Aussiedlerhöfe am Dorfrand gebaut; verkehrshindernde Linden und Kastanienbäume wurden gefällt, auch der alte Nußbaum vorm Pfarrhaus. Die Straßen sind asphaltiert, über den Bach führt eine Brücke, damals gab es nur eine Furt und einen Steg. Veränderungen, aber alles ist doch noch kenntlich; die Waldwiesen, auf denen ich beim Heuen geholfen, die Felder, auf denen ich Kartoffeln gelesen habe. Ich weiß, wo früher Pfifferlinge wuchsen, wo die Steinpilze.

Wenn ich auf dem Friedhof stehe, dort, wo Eltern und Großeltern begraben sind, rundum die bewaldeten Höhen, die nur nach Osten hin den Blick auf die Berge freigeben, und wenn dann die Kirchturmuhr anschlägt, eine Cis-Glocke, die ich aus allen Glocken der Welt heraushöre bis hin nach Bethlehem, und unten im Tal Harseims Mühle, wo das Mühlrad rauschte, wo man das Wasser aus einem Ziehbrunnen holte wie im Märchenbuch – ›Im schönsten Wiesengrunde steht meiner Heimat Haus‹. Genauso ist es. Ich überlege sogar, ob ich dort begraben sein möchte, dort, wo ich doch herkomme. Ich habe Glück gehabt. Meine Heimat kann sich sehen lassen, alles stimmt hier noch, nur: ich stimme nicht mehr, ich ›habe mein Dorf verwachsen‹, so wie ein Kind aus seinem Kinderkleid herauswächst.

Heimat, das war lange Zeit ein strapazierter Begriff aus dem Vokabular Nazi-Deutschlands, das Wort wurde getilgt, das Gefühl wurde uns ausgetrieben. Als es dann wiederauftauchte im Zusammenhang mit Heimat-Vertriebenen, war es mit Problemen belastet. Und dann sollte man mit den Heimatvertriebenen auch noch teilen: Arbeit, Wohnraum, Lebensmittel. Dieser Umverteilungsprozeß wurde Lastenausgleich genannt – der so wenig möglich ist wie Wiedergutmachung.

Mein Zuhause, das Haus, das meine Eltern sich für ihr Alter und für die Sicherheit ihrer noch unversorgten Töchter gebaut hatten, wurde im Krieg zerstört, total zerstört, wie man das nannte. Aber: mein Heimatdorf blieb mir erhalten.

Wenn ich rotbraune Rinder auf einer Weide sehe, freue ich mich, an schwarz-weiße habe ich mich nie gewöhnt, aber wenn ich dann in Umbrien die weißen Rinder mit den schöngeschwungenen Hörnern sehe, dann verrate ich meine waldeckschen Rotbunten.

Als ich bald nach Kriegsende an einem Junitag in Paris aus einem deutschen Reisebus stieg, hat mich ein Pariser nach dem Weg gefragt. Man muß es mir angesehen haben: ich fühlte mich am Montparnasse wie zu Hause. Das hat sich später wiederholt, auf der Fifth Avenue in New York.

Auf der Insel Ischia war ich lange Zeit zu Hause, an Ischia denke ich wie an ein Stück Heimat, aber ich fahre nicht hin, keine Kontrollgänge. Für ein paar Wochen im Jahr suche ich mir meine Heimat aus, einen Ort, der zu mir paßt, zu dem ich passe, wo ich sprachlos glücklich bin. Die Insel Hvar vor der dalmatinischen Küste! Und die Inseln vor den Inseln, die wir umrundet haben, von Fels zu Fels mehr springend als gehend. Diese Festmahle unter freiem Himmel: Fisch und Wein und Oliven, Gesang und Gelächter, Gespräche! Läuft es darauf hinaus: ubi bene, ibi patria? Ein Studentenlied, von Vätern und Großvätern gesungen: Wo es mir wohlgeht, bin ich zu Hause ...

Die wichtigsten Fakten im Leben haben wir uns nicht aussuchen können. Das Klima, das Land, die Eltern. Und selbst dann, wenn Zeit und Geld keine Rolle spielen, hat man nicht einmal für begrenzte Zeit die Wahl, sonst würde ich im sechsten vorchristlichen Jahrhundert auf die Insel Andros reisen und nicht im Strom der Touristen ...

In Goethes Auswanderergesprächen heißt es, dort sei man zu Hause, wo man nützlich ist. Glücklich? Nützlich? Man kann sich auch eine Heimat aussuchen, die steuerlich vorteilhafter ist als die Bundesrepublik Deutschland, viele tun das, auch Schriftsteller. Liechtenstein und Monaco und auch die Schweiz sind empfehlenswerte Steueroasen. Vorteilhaft für mich? Nützlich für andere?

Wenn ich an der Westspitze der Insel Juist stehe, in diesem Niemandsland zwischen Wasser und Erde und Himmel, durchströmt mich ein starkes Gefühl, aber das ist kein Heimatgefühl, das ist ein kosmisches Gefühl: Ich bin ein Bewohner der Erde. Nach einem unruhigen Flug, nach verspäteter und dramatischer Landung, überkommt mich ein ähnliches Gefühl: ich stehe wieder, wo ich hingehöre: auf der Erde.

Nach dem Krieg war ich lange ohne festen Wohnsitz. Was ich besaß, hatte in einem einzigen Koffer Platz. Ich wechselte die Adressen rasch, lebte möbliert, auf Abruf, das entsprach meinem Lebensgefühl. Nicht zu früh seßhaft! Nicht zu früh Besitz! Es hat lange gedauert, ehe ich ein Metallschild am Haus angebracht habe, bis ich Briefpapier mit Anschrift und Telefonnummer drucken ließ. Und immer noch sage ich: Nicht so viel! Wer weiß denn, wie lange ich bleibe?

Viele Anschriften habe ich vergessen. Wie hieß die Straße in Nürnberg? Wie war die Hausnummer in Krefeld? Der Name der Wirtin in Halle? Nur selten war ein Wohnort mein Zuhause, wie in Marburg. ›Das gute alte Marburg‹, sage ich – und es überkommt mich Rührung, weil ich damals so jung war, so arm, und weil ich dort so viel gelernt und so viel getanzt habe.

Ich wollte meinen heimatvertriebenen Quints aus Poenichen etwas Gutes tun, deshalb habe ich ihnen in Marburg ein Behelfsheim gebaut; Maximiliane Quint, die Heldin, hat es nie anders als ›Behelfsheimat‹ bezeichnet; ihre Kinder sind dort aufgewachsen, ich habe ihnen Marburg als Heimat vererbt. Wo habe ich eigentlich gewohnt? Die Anschriften der Quints kenne ich ...

Als Gegengabe hat mir Maximiliane Quint dann Poenichen als Heimat vermacht. Stellvertretend für sie bin ich als Heimwehtouristin nach Pommern/Pomorze gereist und habe dieses legendäre Poenichen, das heute Peniczyn heißen würde, gesucht. Ich habe mir in Hinterpommern eine Heimat erschrieben. Ich habe mich nicht fremd gefühlt. Maximiliane Quint hat Poenichen als Speisekammer benutzt, aus deren Vorräten sie sich ein Leben lang genährt hat, und es hat auch noch für ihre Kinder gereicht, so lange es nötig war.

Ich kann ihre Ansichten zum Thema ›Heimat‹ kaum noch von meinen unterscheiden. Auf einem Treffen der heimatvertriebenen Pommern hat ihr alter Rektor gesagt: Alle diese entwurzelten Menschen! Und sie hat geantwortet, daß der Mensch Wurzeln haben würde und keine Beine, wenn er lebenslänglich an seinem Platz bleiben sollte. Hat es ihren Kindern geschadet, daß sie so oft umgetopft wurden, immer in neue Erde?

Muß Heimat schön sein, objektiv schön? Als ich einmal im Ruhrgebiet gereist bin, im November, da muß man es mir angesehen haben, daß ich dachte: Andere leben hier ständig, da wirst du es doch ein paar Tage aushalten können. Mehrmals, in Dortmund, in Castrop-Rauxel, in Velbert, hat man zu mir gesagt: Sie glauben gar nicht, wie schön es bei uns ist! Ich sah nur den Ruß, aber die, die dort leben, spüren wohl das Erz in der Erde; das Heimatgefühl sitzt dort tiefer.

Wenn wir heute wieder von ›Heimat‹ reden und darüber nachdenken, woher wir stammen, dann ist es auch das Verdienst jener, die ihre Heimat verloren haben und uns, die sie behalten haben, deutlich machen, was das heißt: Heimat haben, zu Hause sein.

Wichtiger aber – und schwerer zu verwirklichen – wäre: anderen eine Heimat zu bereiten. (1986)

Es war einmal ein Teich . . .

Vor Jahren wolltest du mir eine Landkarte schenken, auf der mein Geburtsort Schmillinghausen eingetragen war, möglichst in großem Maßstab, damit auch die Stätten meiner Kindheitserinnerungen deutlich erkennbar wären, Feldwege, Bäche und Mühlen. Du erwarbst die entsprechende topographische Karte, mehrfarbig, vom Hessischen Landesvermessungsamt 1957 herausgegeben, im Maßstab 1:25 000, also vier Zentimeter auf der Karte gleich einem Kilometer in der Natur; selbst Feldscheunen und einzelstehende markante Bäume waren verzeichnet.

Mein Dorf lag auf dieser Karte unten links in der Ecke. Das erschien dir nachteilig, weil wir die Karte auch als Wanderkarte benutzen wollten; Ausgangspunkt sollte dabei der Gasthof Teuteberg sein, der früher Gröticke hieß und sich von einer Wirtsstube für die männlichen Dorfbewohner inzwischen zu einem ansehnlichen Landgasthaus für Stadtbewohner entwickelt hat. Die Lage meines Geburtsortes am Kartenrand erschien dir aber auch als eine Herabsetzung, ja, als Kränkung meines Dorfes, also hast du in die Weltschöpfung beziehungsweise in die Hoheitsrechte eines staatlichen Vermessungsamtes eingegriffen, hast die drei Anschlußkarten erworben, ebenfalls im Maßstab 1:25 000, hast sie mit der Schere beschnitten, ganze Dörfer und Wälder dabei opfernd, und so aneinandergeklebt, daß Schmillinghausen in die Mitte zu liegen kam, Mittelpunkt der Welt, wie es meinen Erzählungen entsprach. Dabei gab es eine zusätzliche Schwierigkeit: Nicht weit von meinem Dorf entfernt verläuft die Grenze zu Nordrhein-Westfalen, eine der drei Anschlußkarten war von dem Landesvermessungsamt eines anderen Bundeslandes herausgegeben, und dieses war offensichtlich rückständiger, die Karte war nicht mehrfarbig wie die hessischen, auf denen Wälder und Felder und Gewässer braun und grün und blau gefärbt waren. Also hast du dich ein zweites Mal als Demiurg betätigt, hast, um die Karten einander anzugleichen und ein einheitliches Bild herzustellen, zu Farbkasten und Pinsel gegriffen und das, was das nordrhein-westfälische Vermessungsamt nicht geleistet hatte, selbst besorgt. Du hast Wäldern und Tälern Farben gegeben. Diese Karte ist einmalig, unersetzbar; du hast sie mit Folie überzogen, hast ihr Dauer verliehen, sie ist nun stoß- und regensicher. Die Erklärungen der Zeichen und Abkürzungen, die sogenannte ›Legende‹, hast du auf der Rückseite aufgeklebt.

Über diese von dir geschaffene Welt gehe ich mit Augen und Zeigefinger in Vierzentimeterschritten. Ich verwandle, mit Hilfe der Legende, die Höhenangaben zu Bergen, alle diese Chiffren und Codes zu Laub- und Nadelwäldern, zu Wiesentälern und Waldrändern, zu Forsthäusern, am Hirschgeweih kenntlich, zu Sand- und Kiesgruben, zu Bahnhöfen und Hünengräbern.

Die geometrische Anlage der nahen barocken Residenzstadt Arolsen ist deutlich erkennbar, Schloß und Schloßpark, auch der Schloßteich, auf dem mein Vater mit den waldeckschen Prinzessinnen Schlittschuh gelaufen sein soll. Dann die Eisenbahnlinie, die mir den ersten Zugang zur Welt verschaffte, eingleisig, nicht auf Rückkehr bedacht. Die Straße, die lange mein Schulweg gewesen war, ist inzwischen zur Bundesstraße 252 ausgebaut, wir sind damals zu fünft mit Rädern nebeneinander gefahren, bis uns ein Auto auseinandertrieb; heute ist die Straße so verkehrsreich, daß man eine Umgehungsstraße plant; ich versuche eine Linie zu ziehen, die mein Dorf rechts oder links liegen läßt. Am Hellenberg etwa? Das ist nicht möglich, dort liegt der Friedhof, man kann nicht die Toten von den Lebenden trennen! Und die andere Seite? Wo die Bäche, die aus den schönen Waldwiesentälern kommen, zusammenfließen? Das ist doch unmöglich! Die Walderdbeeren im Pessinghäuser Grund, die Champignonwiesen im Holzhäuser Grund, wo früher einmal Dörfer lagen, im Dreißigjährigen Krieg zerstört, aus den Steinen hat man Häuser in Schmillinghausen gebaut, als Kind habe ich noch Reste dieser Dörfer gesehen. Und dann der Sprengel, das dritte der Täler, wo meine Mutter manchmal an der Quelle des Baches ein Picknick veranstaltete. Sogar mein Vater kam mit und spielte mit seinen Töchtern Ball. Höhepunkte des Jahres! Im Sprengel stoßen meine Augen an die Gemeindegrenzen, die du mit roter Tusche nachgezogen hast; du hast meinem Heimatgefühl Grenzen gesetzt.

Bei Gashol, der alten Ziegelei, steht ›Whs‹, aber dort gab es damals kein Wirtshaus, dort lebten die Freunde der Eltern, dort gab es altmodische Puppen, die genauso aussahen wie die Puppen, mit denen Maximiliane von Quindt auf Poenichen gespielt hat. Alles ist ja so dicht verwoben... Auf Gashol gab es die beste Schichttorte; mein Vater bekam sie von seiner alten Freundin Adolfine zu jedem Geburtstag geschenkt, dann blühten die Heckenrosen, dann gab es Erdbeerbowle im Pfarrhaus...

Auf der Karte steht ›Prinzessinfichte‹. Aber wir sagten Prinzessinnentannen! ›Wbh‹ steht am Dorfrand, ›Wasserbehälter‹ laut Legende, aber in Wirklichkeit lag dort das ›Bassin‹, wo wir Schlitten gefahren sind. Die tausendjährige Kroneiche ist mit ›ND‹ ausgezeichnet, ›Naturdenkmal‹, leicht zu finden auf der Karte, aber bei keiner unserer Wanderungen haben wir sie ausfindig machen können, schon mein Vater, der sein Leben in Schmillinghausen verbracht hat, von Kindheit an, konnte sie nie finden. Dann der Stucksforst, 412 Meter ü. N., ist das keine beachtliche Leistung für das kleine Fürstentum Waldeck? Wir sind hier nicht im Kaiserstuhl und nicht im Schwarzwald!

Ich nenne nun alles beim Namen, ich verschlüssele nicht mehr. ›Sägemühle‹, sage ich; es ist die erste der drei Mühlen, die von demselben Bach betrieben wurden. Im ›Glücklichen Buch der a. p.‹ heißt sie ›Vogtsmühle‹, ein ganzes Kapitel des Romans heißt ›Heimatkunde‹. Als ich das Buch schrieb, ging ich noch nicht so freimütig mit meiner Vergangenheit um, da bestand noch nicht soviel Einverständnis, da war noch Zurückhaltung geboten. Ich hatte schwarze Zöpfe und nicht blonde wie jene a. p. Der Bach, zu dem sich die kleinen, aus den Waldtälern kommenden Bäche vereinigen, heißt ›Wande‹ und nicht ›Merlebach‹; und der Berg, an dem der Friedhof liegt, heißt Hellenberg und nicht Eresberg. Das Arzthaus ist ein Pfarrhaus. Der Sandweg, an dem a. p. als Kind spielte, heißt auch in dem, was ich Realität nenne, Sandweg; auch a. p. hielt die Realität für eine legitime Schwester der Phantasie.

Jene a. p. hatte zwei Schwestern, ich habe nur eine, sie heißt Ursula. Mit ihr ging ich oft zum Hellenberg, in den großen Wald, um Pfifferlinge zu suchen, und manchmal gerieten wir an eine schmale Schneise zwischen hohen Fichten, dorthin, wo die Zwerge unter den weit aufgespannten Schirmen der Fliegenpilze wohnten. Es gab noch jemanden, der weiß, wo die Zwerge wohnen! Dort holten wir am Tag vor Ostern das Moos für die Hasennester. Aber kennt meine Schwester auch den Teich, zu dem kein Weg führte, diesen Teich, den man antraf oder nicht antraf? Dort bin ich mit den Dorfjungen Schlittschuh gelaufen, sie fanden den Teich immer, und sie fanden auch immer den Weg durch den Wald zurück ins Dorf; es war dann schon dunkel, die Jungen lärmten, ohne sie hätte ich mich gefürchtet, mit ihnen fürchtete ich mich allerdings auch, ich ging allein hinter ihnen her. Anpassung habe ich erst allmählich gelernt. In meiner Erinnerung läuft die Schwester nie Schlittschuh, sie sitzt auch nie auf einem Schlitten: sie liest. Sie konnte schon lesen! Und manchmal holte sie mich an Winternachmittagen in die Ofenecke, zog den Ofenschirm vor uns, machte uns unsichtbar, und dort erzählte sie mir Märchen, die sie sich ausgedacht hatte. Sie war sieben Jahre alt, als ich vier Jahre alt war, sie erzählte mir die Geschichten ›ein wenig kindlich‹, wie sie es nannte; ihre pädagogische Begabung zeigte sich schon früh.

Wenn man mich nach meinen ersten Erinnerungen fragt, erzähle ich, wie ich neben meinem Vater am Waldrand oberhalb des Friedhofs stand, die Sonne ging unter, mein Vater zeigte mit seinem Spazierstock nach Westen, sagte dabei ›Sonnenschein‹ und wollte mir Unterricht im Sprechen erteilen. Ich konnte kein ›S‹ aussprechen, sagte statt dessen ›J‹, er wiederholte mehrmals das Wort ›Sonnenschein‹, und ich wiederholte jedesmal ›Jonnenschein‹.

Von Picasso stammt die Äußerung, daß die einen eine Sonne malen wollen und einen gelben Fleck machen, und die anderen machen einen gelben Fleck, und es wird die Sonne. Von der Sonne sieht man auf deinen Bildern immer nur den Schatten, den Bäume und Berge werfen. Befürchtest du, daß es ein gelber Fleck werden könnte? Manchmal wird ein Mond sichtbar, manchmal auch zwei Monde. Die Sonne weiblich, der Mond männlich, bei uns stimmt das. Es ist immer Vollmond auf deinen Bildern, wie bei Eichendorff, und dein Mond ist größer und heller als der richtige Mond. Dem Maler ist mehr gestattet als dem Schreiber.

Als wir im vorigen Jahr über den Hellenberg gingen, haben wir die Wiese, auf der im Frühling die Himmelsschlüssel blühten, nicht gefunden. Neue, geschotterte Wege waren angelegt worden, damit die Fremden, die Sommergäste, auch bei schlechtem Wetter spazierengehen können. Man hat Wegemarkierungen angebracht und Schutzhütten aufgestellt. Wo früher eine Schonung war, steht heute ein Hochwald. Ich finde mich nicht mehr zurecht. Ich habe dir den Teich nicht zeigen können, er war nicht aufzufinden, du hast von Verschilfung und allmählicher Versandung gesprochen. Ich habe eingewandt, daß ich dort Schlittschuh gelaufen sei, daß es kein Tümpel war. Ich konnte eine liegende Acht laufen! Das Ewigkeitszeichen. Verschilft, versandet, verloren. Einen Ameisenhaufen habe ich wiedergefunden, an der alten

Stelle, unter hohen Kiefern, deren Stämme im Abendlicht leuchteten. In einer Viertelstunde hatten wir den Wald, der doch für mich einmal unendlich groß gewesen war, durchquert und blickten über die Felder zum Gertenberg; wo ich hinblickte, erwuchs eine Geschichte, eine Legende, ein Märchen.

Ich suche den Teich auf der Karte, er müßte doch eingetragen sein, es müßte ein ›Whr‹ danebenstehen, was ›Weiher‹ heißt. Der Mühlenteich am Dorfrand, der die Kornmühle betrieb, ist doch auch eingezeichnet, und die Marksteiner Teiche im Tiergarten, der zum Arolser Schloß gehört, waren auch nicht größer als mein Teich, der keinen Namen hatte, der immer nur ›der Teich am Hellenberg‹ hieß, unvermutet stand man davor, wenn man ihn aufsuchen wollte, fand man ihn nicht. Statt dessen haben wir einen Steinbruch entdeckt, den ich als Kind nie gesehen hatte. War dem Kartographen des hessischen Landesvermessungsamtes jener Teich zu unbedeutend, der in meinem Leben so bedeutend war? Wir suchen zu zweit, die Größe eines Stecknadelkopfes müßte er doch haben. Du bist kartenkundiger als ich, du hast das Kartenlesen bei den Pfadfindern, später sogar in einer Kriegsschule gelernt. Aber auch du findest meinen Teich nicht. Du bezweifelst seine Existenz und glaubst einem Landvermesser! Du hast die Karte auf deiner Seite.

»Es war einmal ein Teich . . .«, sagst du, verwandelst meine Erinnerungen in ein Märchen. Du bietest dich an, dich ein weiteres Mal als Demiurg zu betätigen und den Teich für mich einzuzeichnen, exakt nach meinen Angaben. Als ob ich exakte Angaben machen könnte, es war schon immer ein unzuverlässiges Gewässer. Ich werde meine Schwester danach fragen, sie ist mein Kronzeuge. Dort lebten Elfen und Nixen. Unterm Eis, auf dem ich Schlittschuh lief. (1987)

Die Lebenskilometer

Manchmal überlege ich, wie viele Kilometer ich zurückgelegt habe, seit ich mich vom Schoß der Mutter getrennt habe und zum ersten Mal durchs Zimmer zu Vaters Hosenbein gekrochen bin.

Nicht, daß ich meine, man müsse einen Kilometerzähler bei sich tragen, das wäre zu einfach. Aber von Zeit zu Zeit müßte man doch einmal ausrechnen, wie weit man denn nun auf seinem Lebensweg vorangekommen ist und wie weit man hätte gelangen können, wenn man nicht immer wieder einen Haken geschlagen hätte, zurückgeworfen worden oder zurückgelaufen wäre, ja, und auch an jene muß man denken, mit denen man ein langes Wegstück gemeinsam gegangen ist.

Ich sage gegangen – und dabei sind wir doch unsere Lebenskilometer gekrochen, gelaufen, mit dem Roller und mit dem Fahrrad gefahren, mit der Straßenbahn, mit dem Auto, der Eisenbahn, mit dem Flugzeug geflogen – schneller, immer schneller. Man kann sie längst nicht mehr zählen, so rasen die Kilometer vorbei. Am Ende haben wir schon ein paarmal die Erde umrundet und wissen es nur nicht.

Genau muß man sein, wenn man sich ans Zählen der Kilometer begibt, sonst vergißt man die schönsten Strecken, und über den großen Reisen vergißt man den Gang am Abend durchs Viertel, wenn man noch Post zum Briefkasten gebracht hat und nach Hause geht. Über den frohen Wegen vergißt man den mühsamen Weg über den langen Korridor im Krankenhaus bis zum Korbstuhl am Fenster und vergißt die Wege mit dem Rucksack, an nebligen Herbstabenden,

1945, über die Zonengrenze bei Friedland. Und dann dieses Gehen nach Zentimetern in den Fluren der Ämter! Dieses langsame Nachrücken, als man für einen Schuhbezugsschein Schlange stand. In jenen Jahren kam man langsam vorwärts und war doch soviel unterwegs, weil man kein Zuhause hatte. Und wenn man es hatte, dann war es ungeheizt. Hunger und Kälte trieben uns auf die Kartoffelfelder, zu den Bucheckern in die Wälder und zu den Kohlenwaggons auf dem Güterbahnhof.

Aber ich sehe, ich muß planmäßiger vorgehen. Mit den ersten Metern im Studierzimmer meines Vaters muß ich anfangen. Auf seinem Teppich, dessen Rosenmuster ein großes kahles Oval aufwies: der Lebensweg meines Vaters. Ich weiß nicht, wie viele Kilometer er darauf zurückgelegt hat, aber vorm Einschlafen hörte ich seine Schritte, und manchmal hörte ich sie noch, wenn ich aufwachte.

Weg von Mutters Rockzipfel, weg von der Hand des Vaters! Ich lernte radfahren, kaum daß ich laufen konnte. Und weil ich nichts von den Geheimnissen einer Rücktrittbremse wußte und weil es dort, wo ich herstamme, bergig ist, gab es ein blutiges Ende und lebenslängliche Narben an Knien und Ellenbogen. Dann wurde es ernst. Ich fuhr mit dem Rad zum Gymnasium, sechs Kilometer hin, sechs Kilometer zurück, und wenn ich Vaters Zigarren einzukaufen vergessen hatte, am Nachmittag ein weiteres Mal. Schulwege.

Genügt es, wenn ich fünfzig gerodelte Kilometer ansetze? Dreißig per Schlittschuh zurückgelegte, ohne die mißlungenen Pirouetten? Wie oft dreht sich ein Karussell für zwanzig Pfennig? Eines Tages war ich ein Stadtkind, das mit der Straßenbahn zum Lyzeum fuhr, abends auf die Königstraße zum Bummel ging und zweimal in der Woche zur Tanzstunde. Alle die vertanzten Lebenskilometer! Alle Dreharten ausprobiert, Foxtrott, Tango, Swing und Twist; beim Walzer wird mir's noch immer schwindlig.

Mit den Skiern wäre ich wohl vom Habichtswald bis nach Cortina gekommen, hätte nicht der Berufsweg angefangen, dieses Hin und Her von einem Kriegseinsatz zum anderen. Unzählige Kilometer quer durch Deutschland. Bahnsteige, auf denen ich in Regen und Schnee und Hitze auf und ab ging, manchmal in Tränen und manchmal glücklich. Wie viele Kilometer! Doppelt zu zählen, weil meist zu zweien.

Und dann das erste Stück Straße, als wir aus den Bunkern auftauchten. Die Stadt war dem Feind übergeben, und draußen war noch immer der alte Frühling. Im Garten blühten die Mandelbäumchen wie nie zuvor, wie nie danach. Drei Jahre später der Weg unterm Regenschirm zu jener Stelle, an der wir die ersten vierzig Deutsche Mark bekamen...

Wann hat es eigentlich aufgehört, ein Lebenslauf zu sein? Seit wann halte ich es mit meiner Großmutter, der waldeckschen Bauerntochter, die zu sagen pflegte: ›Sächtelken! Sächtelken!‹, und gehe langsamer, nehme die nächste Straßenbahn?

Eines Tages hoben sich für uns die Schlagbäume. Lebenskilometer jenseits der Grenzen. Reisefieber packte uns, und wie die kleinen Häwelmänner riefen wir: Mehr! Mehr! Mehr! Frankreich, Österreich, Schweiz, Italien, Schweden. Segelpartien auf der Ostsee; Schwimmen im Mittelmeer; mit dem Flugzeug über die Alpen; Flüsse, Berge, Städte, was für ein Reichtum! Man fängt an zusammenzuzählen, denkt, es seien Zahlen, Kilometer, nichts weiter, und ist doch unser Leben.

Noch ist mein Teppich nicht der Kilometerzähler meines Lebenswegs. Aber später soll man einmal auf ihm ablesen können, ob ich ein Stück weitergekommen bin auf jenem Weg, den man nicht mit dem Auto und nicht mit dem Flugzeug zurücklegen kann, dem Weg, den sich der Geist und das Herz suchen müssen. (1956)

Quellenhinweise

›Kleine Welt auf einem Kistendeckel‹ aus: *Waldeckischer Landeskalender 1955*
›Wenn es dämmert am Heiligen Abend ...‹ aus: *Weihnachtsgeschichten aus Hessen,* hrg. von Gundel Paulsen, Husum Druck- und Verlagsgesellschaft, Husum 1980
›Ein Sonntagsberuf‹ aus: *15 x Sonntag,* hrg. von Hannelore Frank, Kreuz Verlag, Stuttgart, Berlin 1970
›»Komm in meinen Umarm!«‹ und ›Erste Liebe, letzte Liebe‹ aus: *Das Glück liegt auf der Hand. ABC der Lebensfreuden,* hrg. von Rudolf Walter, Verlag Herder, Freiburg im Breisgau 1984
›Von der treuen Auguste, dem Paradiesvogel und dem Weltfrieden‹ aus: *Träume brauchen nicht viel Platz. Wunschträume 1918 bis 48,* hrg. von Angelika Kutsch, Cecilie Dressler Verlag, Hamburg 1984
›DIN A5 – eine Schulzeit im »Dritten Reich«‹ aus: *Antworten wg. Schule,* hrg. von der Oberprima der Detlefsenschule Glückstadt, Verlag Horst Wirsing, Glückstadt o. J. (1986)
›Kinder des »Dritten Reiches«‹ aus: *Stuttgarter Zeitung,* 24. Dezember 1985
›Carl mit C‹ aus: *Nenne deinen lieben Namen, den du mir so lang verborgen. Schriftsteller über Vornamen,* hrg. von Hanns Kulessa, Claassen Verlag, Düsseldorf 1986
›Not lehrt schreiben‹ aus: Christine Brückner, *Lewan, sieh zu!,* Verlag Philipp Reclam Jun., Stuttgart 1974
›Mein erstes Buch‹ aus: *LIT* Nr. 1/1982
›Mein Dorf 1963‹ aus: *Christ und Welt,* XVI. Jahrgang, Nr. 25, 21. Juni 1963
›Meine kleine Stadt‹ aus: *Die Provinz. Kritik einer Lebensform,* hrg. von Carl Amery, Nymphenburger Verlagshandlung, München 1964
›Das neue Kassel ist unvergleichlich‹ aus: *Unsere Stadt,* 1968
›Mein Schreibtisch‹ aus: *Die Welt,* 22. August 1979
›Der Gegenbesuch‹ aus: *So nah und doch so fern. Die Geschichten mit den*

Eltern, hrg. von Herrad Schenk, Rowohlt Taschenbuchverlag, Reinbek bei Hamburg 1985
›Phantasie und Wirklichkeit‹ aus: *Seiltanz auf festen Versesfüßen. Neun Autoren in der Marburger Universität*, hrg. vom Präsidenten der Philipps-Universität, Hitzeroth Verlag, Marburg 1987
›Bäume haben immer recht‹ aus: *Auskunft über Deutschland*, hrg. von Manfred Bissinger, Rasch und Röhring Verlag, Hamburg 1987
›Hat der Mensch Wurzeln?‹ aus: *40 Jahre Westfalen-Blatt*, Jubiläumsbeilage zum Westfalen-Blatt, Bielefeld, 15. März 1986

Aus Titeln der Verlage Ullstein/Propyläen, Berlin:
›Mein Vater: der Pfarrer‹ und ›Totalschaden‹ aus: *Überlebensgeschichten*, Verlag Ullstein 1973
›Das wenige, das ich von meiner Mutter weiß‹, ›Stichwort Waldeck‹ und ›Die Entstehung der »Poenichen«-Romane‹ aus: *Mein schwarzes Sofa*, Verlag Ullstein 1981
›Heimatkunde‹ aus: *Das glückliche Buch der a. p.*, Verlag Ullstein 1970
›Es war einmal ein Teich . . .‹ aus: *Deine Bilder / Meine Worte*, Propyläen Verlag 1987
›Die Lebenskilometer‹ aus: *Erfahren und erwandert*, Propyläen Verlag 1979